PASSAGES FROM
GERMAN AUTHORS
FOR UNSEEN TRANSLATION

PASSAGES FROM GERMAN AUTHORS
FOR UNSEEN TRANSLATION

EDITED BY

E. K. BENNETT, M.A.

FELLOW OF GONVILLE AND CAIUS COLLEGE, CAMBRIDGE

LECTURER IN GERMAN IN THE UNIVERSITY OF CAMBRIDGE

CAMBRIDGE

AT THE UNIVERSITY PRESS

1925

CAMBRIDGE
UNIVERSITY PRESS

University Printing House, Cambridge CB2 8BS, United Kingdom

Cambridge University Press is part of the University of Cambridge.

It furthers the University's mission by disseminating knowledge in the pursuit of education, learning and research at the highest international levels of excellence.

www.cambridge.org
Information on this title: www.cambridge.org/9781316601754

© Cambridge University Press 1925

First published 1925
First paperback edition 2015

A catalogue record for this publication is available from the British Library

ISBN 978-1-316-60175-4 Paperback

PREFACE

THESE passages for translation are intended for advanced students of German.

They have been chosen primarily so as to afford as wide a range of style and vocabulary as possible; but I hope they will also prove useful from the point of view of subject matter, as the greater number of them are concerned with important aspects of German life, thought, history, literature and science. Thus they should give opportunity for the discussion of other questions beside purely linguistic ones.

Some of the more difficult passages will be found as much a test of the student's use of English as of his knowledge of German; but a student can hardly claim to understand the finer shades of meaning in a foreign language unless he is able to reproduce them in his own.

With the exception of the last ten extracts which give examples of 16th and 17th century German writers, all the authors represented wrote later than the year 1750.

I have added notes where some explanation of the context or of individual expressions seems necessary for the understanding of the passages. There is also an index of authors.

Some of the passages printed in this book are from copyright works and I have to acknowledge with thanks permission to reprint them from the following publishers:

From S. Fischer, Verlag A.-G., Berlin:

 XXI. *Demian* by Hermann Hesse.
 LVI. *Der arme Heinrich* by Gerhart Hauptmann.
 LXXXV. *Der Tod in Venedig* by Thomas Mann.

From Deutsche Verlags-Anstalt, Stuttgart:
> VII. *Hinter Pflug und Schraubstock* by Max Eyth.

From H. Haessel Verlag, Leipzig:
> LVII. *Die Romantik*, I. *Teil: Blütezeit der Romantik* by Ricarda Huch.

From Ernst Hofmann & Co., Darmstadt:
> LXIII. Aus O. Harnack's *Schiller* (in der Sammlung von Biographien, Geisteshelden, herausgegeben vom Verlage Ernst Hofmann & Co. in Darmstadt).

From Walter de Gruyter & Co., Berlin:
> LXXXIII. *Demokratie und Kaisertum* by F. Naumann.

In connection with the last-named extract my thanks are also due to Frau Dr Naumann herself.

E. K. B.

CAMBRIDGE,
September, 1925.

INDEX OF AUTHORS

PASSAGES FROM GERMAN AUTHORS
FOR UNSEEN TRANSLATION

I

Es war eben die rechte Zeit, daß ich von meinem Fenster wieder Besitz nahm, denn das Merkwürdigste, was öffentlich zu erblicken war, sollte eben vorgehen. Alles Volk hatte sich gegen den Römer zugewendet, und ein abermaliges Vivatschreien gab uns zu erkennen, daß Kaiser und König an dem Balkonfenster des großen Saales in ihrem Ornate sich dem Volke zeigten. Aber sie sollten nicht allein zum Schauspiel dienen, sondern vor ihren Augen sollte ein seltsames Schauspiel vorgehen. Vor allem schwang sich der schöne, schlanke Erbmarschall auf sein Roß; er hatte das Schwert abgelegt, in seiner Rechten hielt er ein silbernes, gehenkeltes Gefäß und ein Streichblech in der Linken. So ritt er in den Schranken auf den großen Hafer= haufen zu, sprengte hinein, schöpfte das Gefäß übervoll, strich es ab und trug es mit Anstande zurück. Der kaiserliche Marstall war nunmehr versorgt. Der Erbkämmerer ritt sodann gleichfalls auf jene Gegend zu und brachte ein Handbecken nebst Gießfaß und Handquele zurück. Unterhaltender aber für die Zuschauer war der Erbtruchseß, der ein Stück von dem gebratenen Ochsen zu holen kam. Auch er ritt mit einer silbernen Schüssel durch die Schranken bis zu der großen Bretterküche und kam bald mit verdecktem Gericht wieder hervor, um seinen Weg nach dem Römer zu nehmen. Die Reihe traf nun den Erbschenken, der zu dem Springbrunnen ritt und Wein holte. So war nun auch die kaiserliche Tafel bestellt, und aller Augen warteten auf den Erbschatzmeister, der das Geld auswerfen sollte. Auch er bestieg

ein schönes Roß, dem zu beiden Seiten des Sattels anstatt der
Pistolenhaftern ein paar prächtige, mit dem kurpfälzischen Wappen
gestickte Beutel befestigt hingen. Kaum hatte er sich in Bewegung
gesetzt, als er in diese Taschen griff und rechts und links
Gold- und Silbermünzen freigebig ausstreute, welche jedesmal in
der Luft als ein metallner Regen gar lustig glänzten.

J. W. von Goethe (1749–1832)

II

Ein Haupterlebnis feierte er eines Tages an der abendlichen
Wirtstafel in einer mittleren deutschen Stadt, an welcher nebst
einigen alten Stammgästen des Ortes mehrere junge Reisende
saßen. Die würdigen alten Herren mit weißen Haaren führten
ein gemächliches Gespräch über allerlei Schreiberei, sprachen von
Cervantes, von Rabelais, Sterne und Jean Paul, sowie von
Goethe und Tieck, und priesen den Reiz, welchen das Verfolgen
der Kompositionsgeheimnisse und des Stiles gewähre, ohne daß
die Freude an dem Vorgetragenen selbst beeinträchtigt werde.
Sie stellten einläßliche Vergleichungen an und suchten den roten
Faden, der durch all dergleichen hindurchgehe; bald lachten sie ein-
trächtig über irgend eine Erinnerung, bald erfreuten sie sich mit
ernstem Gesicht über eine neu gefundene Schönheit, alles ohne
Geräusch und Erhitzung, und endlich, nachdem der eine seinen
Thee ausgetrunken, der andere sein Schöppchen geleert, klopften
sie die langen Tonpfeifen aus und begaben sich auf etwas
gichtischen Füßen zu ihrer Nachtruhe. Nur einer setzte sich
unbeachtet in eine Ecke, um noch die Zeitung zu lesen und ein
Glas Punsch zu trinken.

Nun aber entwickelte sich unter den jüngeren Gästen, welche
bislang horchend dagesessen hatten, das Gespräch. Einer fing
an mit einer spöttischen Bemerkung über die altväterliche Unter-
haltung dieser Alten, welche gewiß vor vierzig Jahren einmal die

Schöngeister dieses Nestes gespielt hätten. Diese Bemerkung wurde lebhaft aufgenommen, und indem ein Wort das andere gab, entwickelte sich abermals ein Gespräch belletrischer Natur, aber von ganz andrer Art. Von den verjährten Gegenständen jener Alten wußten sie nicht viel zu berichten, als das und jenes vergriffene Schlagwort aus schlechten Literargeschichten; dagegen entwickelte sich die ausgebreitetste und genaueste Kenntnis in den täglich auftauchenden Erscheinungen leichterer Art und aller der Personen und Persönchen, welche sich auf den tausend grauen Blättern stündlich unter wunderbaren Namen herumtummelten.

GOTTFRIED KELLER (1819–1890)

III

In der Frühe des II. September brachten die streifenden Husaren einen türkischen Pascha gefangen ein; Eugen examinirte ihn gleich bei fortwährendem Marsche, bedrohte ihn mit sofortiger Enthauptung, wenn er nicht die Wahrheit sage, und erfuhr nun, daß der Sultan bei Zenta Halt gemacht, den Angriff auf Szegedin aufgegeben und wieder eine neue Wendung, dieses Mal nach Osten gegen Siebenbürgen, beschlossen habe. Es sei deshalb eine Brücke über die Theiß geschlagen, die Reiterei passire eben den Fluß, das Fußvolk sei beschäftigt, zur Deckung des Uebergangs eine Schanze zu ziehen. Auf der Stelle befahl Eugen, die Schlachtordnung zu bilden und den Feind inmitten seines Uebergangs zu fassen. Mit höchster Schnelligkeit eilte man voran; am Mittag hatte man den Halbkreis der feindlichen Verschanzung vor sich, sah die lange Reihe der türkischen Reiter und Kanonen fort und fort über die Brücke defiliren und formierte ohne Aufenthalt die Angriffscolonnen unter einem heftigen Geschützfeuer von hüben und drüben. Eugens Falkenblick hatte im ersten Momente wahrgenommen, daß am nördlichen Ende des Lagers der Fluß eine langgestreckte Untiefe zeige: vor allem

hierhin warf er eine starke Abteilung unter Guido Stahrenberg,
welche durch das Wasser watend, die Schanzen umging, die
Verteidiger derselben im Rücken faßte und dann mit den Fliehen-
den im raschen Laufe die Brücke erreichte. Indeß hatte der
Kampf auf allen Punkten der Verschanzung mit rasender Wut
begonnen; die kaiserliche Reiterei saß im Masse ab und stürmte
gemeinsam mit dem Fußvolk: da ging plötzlich der Ruf durch
das Lager, die Brücke sei genommen, der Rückzug abgeschnitten
und Alles verloren.

HEINRICH VON SYBEL (1817–1895)

IV

Als ein Tropfe

Des Zauberbluts mir auf die Lippen sprang
Verstand ich gleich das Zwitschern über mir,
Und hätt ich nicht zu rasch ihn abgewischt,
So würd ich auch, was hüpft und springt, verstehn.
Denkt Euch: auf einmal flüstert es im Baum,
Denn eine alte Linde deckte alles.
Dann kichert's, lacht und höhnt, so daß ich Menschen
Zu hören glaube, die, im Laub versteckt,
Mein Tun verspotten. Wie ich um mich schaue,
Erblick' ich nichts als Vögel, Krähen, Dohlen
Und Eulen, die sich streiten. Brunnhild wird
Genannt, auch ich. Ein Knäuel dunkler Reden
Hinüber und herüber. Eins nur klar,
Daß noch ein Abenteuer meiner harrt.
Die Lust erwacht. Die Dohle fliegt voran,
Die Eule folgt. Bald sperrt ein Flammensee
Den Weg, und eine Burg, wie glühendes
Metall in bläulichgrünem Schimmer leuchtend,
Taucht drüben auf. Ich halte an. Da ruft

Die Dohle: „Zieh den Balmung aus der Scheide
Und schwing' ihn dreimal um das Haupt!" Ich thu's
Und schneller wie ein Licht erlischt der See.
Nun wird's lebendig in der Burg, Gestalten
Erscheinen auf der Zinne, Schleier flattern
Und eine stolze Jungfrau späht herab.
Da kreischt die Eule auf: „Das ist die Braut!
Nun mit der Nebelkappe fort!" Ich hatte
Sie bloß zur Probe aufgesetzt und wußte
Nicht einmal, daß ich sie noch trug. Doch jetzt
Hielt ich sie mit den Händen fest, weil ich
Die kecken Vögel darnach haschen sah.

   *   *   *   *   *   *

So schied ich ungesehen und kenne doch
Die Burg und ihr Geheimnis wie den Weg.

FRIEDRICH HEBBEL (1813–1863)

V

In diesen Umgebungen ward Friedrich Mergel geboren, in einem Hause, das durch die stolze Zugabe eines Rauchfanges und minder kleiner Glasscheiben die Ansprüche seines Erbauers, sowie durch seine gegenwärtige Verkommenheit die kümmerlichen Umstände des jetzigen Besitzers bezeugte. Das frühere Geländer um Hof und Garten war einem vernachlässigten Zaune gewichen, das Dach schadhaft, fremdes Vieh weidete auf den Triften, fremdes Korn wuchs auf dem Acker zunächst am Hofe, und der Garten enthielt, außer ein paar holzigen Rosenstöcken aus besserer Zeit, mehr Unkraut als Kraut. Freilich hatten Unglücks=fälle manches hiervon herbeigeführt; doch war auch viel Unord=nung und böse Wirtschaft im Spiel. Friedrichs Vater, der alte Hermann Mergel, war in seinem Junggesellenstande ein soge=nannter ordentlicher Säufer, d. h. einer, der nur an Sonn= und

Festtagen in der Rinne lag und die Woche hindurch so manierlich war wie ein anderer. So war denn auch seine Bewerbung
um ein recht hübsches und wohlhabendes Mädchen ihm nicht
erschwert. Auf der Hochzeit ging's lustig zu. Mergel war nicht
gar zu arg betrunken, und die Eltern der Braut gingen abends
vergnügt heim; aber am nächsten Sonntage sah man die junge
Frau schreiend und blutrünstig durchs Dorf zu den ihrigen
rennen, alle ihre guten Kleider und neues Hausgerät im Stich
lassend. Das war freilich ein großer Skandal und Ärger für
Mergel, der allerdings Trostes bedurfte. So war denn auch am
Nachmittage keine Scheibe an seinem Hause mehr ganz, und
man sah ihn bis spät in der Nacht vor der Türschwelle liegen,
einen abgebrochenen Flaschenhals von Zeit zu Zeit zum Munde
führend und sich Gesicht und Hände jämmerlich zerschneidend.
Die junge Frau blieb bei ihren Eltern, wo sie bald verkümmerte
und starb. Ob nun der Mergel Reue quälte oder Scham,
genug, er schien der Trostmittel immer bedürftiger und fing bald
an, den gänzlich verkommenen Subjekten zugezählt zu werden.

ANNETTE VON DROSTE-HÜLSHOFF (1797–1848)

VI

Dem gegenüber gilt in Deutschland die Voraussetzung: alle
Universitätslehrer sind wissenschaftliche Forscher oder eigentliche
Gelehrte; und umgekehrt: alle eigentlichen Gelehrten sind Universitätsprofessoren. Es gibt natürlich Ausnahmen; es gibt sehr
hervorragende Gelehrte, die nicht Universitätsprofessoren waren,
es genügt an Wilhelm und Alexander von Humboldt zu erinnern; und auch unter den deutschen Gymnasiallehrern ist von
jeher mancher Gelehrtenname von gutem Klang gewesen. So
gibt es natürlich auch umgekehrt unter den Universitätsprofessoren
nicht nur einzelne, die als Gelehrte nichts Bedeutendes leisten,
sondern auch solche, die vor allem Lehrer sein wollen. Aber die

Regel ist das nicht, die Regel ist das Zusammenfallen des Gelehrten mit dem Professor. Ist in Deutschland von einem Gelehrten die Rede, so wird alsbald gefragt: an welcher Universität ist er? Und ist er an keiner, so darf man voraussetzen, daß er es als eine Zurücksetzung empfindet. Und umgekehrt, wo von einem Professor die Rede ist, wird bald gefragt: was hat er geschrieben, was hat er wissenschaftlich geleistet? Die Folgen dieses Verhältnisses für die Gestaltung unseres geistigen und wissenschaftlichen Lebens sind höchst bedeutsam.

Der deutsche Gelehrte ist zugleich akademischer Lehrer; darauf beruht seine Stellung im Leben unseres Volks. Unsere Denker und Forscher sind unserem Volk nicht bloß als Schriftsteller vom Papier her, sondern als persönliche Lehrer von Angesicht zu Angesicht bekannt. Männer wie Fichte, Schelling, Hegel, Schleiermacher haben auf ihre Zeit vor allem als akademische Lehrer gewirkt; ihr Einfluß als Schriftsteller war nicht so gar groß, ein großer Teil ihrer Schriften ist erst nach ihrem Tode, nach Aufzeichnungen für Vorlesungen oder aus Nachschriften ihrer Schüler, veröffentlicht.

FR. PAULSEN (1846–1908)

VII

Ich befand mich auf kurze Zeit nicht allzufern von der alten Heimat an der blauen Donau. Es war am Tage nach dem Schluß der Wiener Weltausstellung mit ihrem Glanz und ihrem Jammer......Das mit so lauten Posaunenstößen eingeleitete Ausstellungsunternehmen hatte sich zwischen der Cholera und dem großen Finanzkrach stöhnend durchgerungen......Ich kam zu ein paar freien Stunden und wanderte aus dem Gewühl der vielgeprüften Weltstadt hinaus nach dem Kahlenberg......Es war ein prächtiger Spätherbsttag; schon etwas frisch trotz der Sonne, die auf den goldgelben und rotbunten Bergen spielte;

ein Tag, so recht, um wieder Mensch zu werden. Die Wirtschaft
auf dem Gipfel des Kahlenbergs war deshalb ziemlich leer......
Ich ließ mir ein Glas Wein auf den nächsten Tisch stellen,
lehnte mich auf das Geländer der Veranda und genoß, was zu
genießen war. Links drüben der Leopoldsberg, noch in voller
Pracht des bunten Herbstlaubes mit seinem einfachen klöster-
lichen Kirchlein; rechts, im gleichen Schmuck, die Ausläufer des
Wiener Waldes mit ihren Höhen und Schluchten. Tief unter
mir, am Fuß des Berges, die mächtige Donau, die sich von hier
in zahllosen Wasserrinnen durch ein Gewirr von noch grünen
Weidenwäldern schlängelt. Die Kaiserstadt selbst mit ihren
Palästen und Kirchen, ihren Kasernen und Fabriken liegt in
duftiger Ferne, aus der zwei Bauwerke deutlich erkennbar hervorragen: der altersgraue Stephansturm und weiter hinten im
Prater die Rotunde unserer Ausstellung. Noch weiter hinaus,
fast verschwindend im bläulichen Dunst des Herbsttages, dehnt
sich die Donauebene nach Norden über das Marchfeld, nach
Osten gegen Ungarn, dessen Berge um Preßburg geheimnisvoll
herüberdämmern.

MAX EYTH

VIII

Der junge Albrecht übte sich also unter seines Vaters An-
weisung in der Goldschmiedarbeit und kam so weit, daß er die
sieben Fälle des Leidens Christi in getriebener Arbeit verfertigte.
Damals war es jedem, ohne sich zu besinnen, das nächste und
natürlichste, sich durch heilige Gegenstände zur Kunst einzu-
weihen, und für die erlangte erste jugendliche Geschicklichkeit dem
Himmel durch eine Vorstellung, die ihm wohlgefällig wäre,
sich dankbar zu beweisen....Dürer aber trug innerlich weit größere
Lust zur Malerei, und obwohl der Vater ihn gar gern auch zum
Sohne seiner Kunst behalten hätte, so gab er doch nach, und —

ſpricht Albrecht Dürer — „im Jahre 1486 am St. Andreas Tag verſprach mich mein Vater in die Lehrjahr' zu Michael Wohlgemuth, drei Jahr lang ihm zu dienen; in der Zeit verliehe mir Gott Fleiß, daß ich wohl lernte, aber viel von ſeinen Knechten leiden mußte; und da ich ausgedient hatte, ſchickt' mich mein Vater hinweg, und blieb ich vier Jahr außen, bis daß mich mein Vater wieder forderte." In dieſem einfachen Ton zählt er die Umſtände ſeines Lebens her: ohne ſich zur Rechten oder Linken umzuſehen, geht er ſeinen geraden Weg fort, und thut, als wenn alles, was ihm begegnet, ſo und nicht anders ſein müßte.

In ſeinen Gemälden, Kupferblättern und Holzſtichen, welche zum großen Teil geiſtliche Vorſtellungen enthalten, zeigt unſer Dürer eine treue, handwerksmäßige Emſigkeit. Das Gemüt, welches ihm das Streben nach dieſer in ſeinen Linien ausge- führten Vollendung, das man ſo offen und unverſtellt in ſeinen Werken erblickt, einflößte, und welches ihn trieb, den beſten und richtigſten Proportionen des menſchlichen Körpers ſorgfältig nachzuſpüren, und ſie in einem Buche aufzubewahren, welches nachher in allen Sprachen überſetzt, allen zeichnenden Völkern zum Kanon diente: dies war eben dasſelbe Gemüt, welches ihn auch im Leben und Handeln überall das Rechte und Gute ſo verfolgen hieß.

W. H. WACKENRODER (1773–1798)

IX

Nachmittags loderte ein helles Feuer in der Gubener Vorſtadt bei Sankt Gertruds Kirche......Die Studenten ſangen als Wächter um den angezündeten Holzhaufen und ſangen lateiniſche Jubel= und Spottlieder. Wem der Spott galt, brauch' ich nicht zu ſagen; ſchwerer iſt's zu glauben, wem ihr Jubel galt, wenn ſie den Tezel ankommen ſahen, an der Spitze ſeiner Dominikaner; den dickbäuchigen Kerl mit den dünnen Beinen, dem kahlen Kopf und einem Gesicht, auf dem auch keine Spur von Geist war, Feuer nur in der roten Nase, höchstens Pfiffigkeit in den kleinen geschnitzten Katzenaugen, aber der große Mund mit den aufge= worfenen Lippen machte den gemeinen Marktschreier fertig — und doch schrieen sie aus Leibeskraft in die Lüfte, und ihre Hieber klirrten und funkelten im Flammenschein. Es war in Deutschland so, man schickte die Jugend auf die Universität, damit sie austoben sollte; wenn sie ausgetobt, dann käme sie nüchtern zurück, als wie man die Menschen im Leben braucht. Das war die alte Weisheit, und mancher wünscht, daß wir noch heute so weise wären. Wenn man aber ein Faß schnell will ausbrausen lassen, wirft man was hinein, Kalk oder Taubenkoth, oder was es ist, es kommt nicht darauf an. Was man in einen Strudel wirft, das ergreift der Strudel, und spritzt und schäumt und trägt's und spielt mit ihm, wie der Walfisch mit der Tonne. Einige Gelehrte meinen, das ganze Menschengeschlecht sei als wie die Jugend, wenn's lange still gesessen, und es regt sich in ihm das Blut, alsbann brauche man ihm nur hinzuwerfen, ein Spielzeug, was es sei, aber einen Namen muß es haben, einen Namen, der schön klingt, und sie spielten, tanzten und schrieen darum, ja sie lägen sich in den Haaren und zögen die Schwerter, und, je nachdem, sie zündeten auch Brandfackeln an und gingen dafür in den hellen Tod.

WILLIBALD ALEXIS (1798–1871)

X

„Es läßt sich nicht leugnen, daß auch die Deutschen die Freiheit lieben, aber anders wie andere Völker. Der Engländer liebt die Freiheit wie sein rechtmäßiges Weib, er besitzt sie, und wenn er sie auch nicht mit besonderlicher Zärtlichkeit behandelt, so weiß er sie doch im Notfall wie ein Mann zu verteidigen, und wehe dem rotgeröckten Burschen, der sich in ihr heiliges Schlaf=

gemach drängt — sei es als Galant oder als Scherge. Der Franzose liebt die Freiheit wie seine Braut. Er glüht für sie, er flammt, er wirft sich zu ihren Füßen mit den überspanntesten Beteuerungen, er schlägt sich für sie auf Tod und Leben, er begeht für sie tausenderlei Thorheiten. Der Deutsche liebt die Freiheit wie seine alte Großmutter."

"......Lieber Herr, scheltet mir nicht die Deutschen! Wenn sie auch Träumer sind, so haben doch manche unter ihnen so schöne Träume geträumt, daß ich sie kaum vertauschen möchte gegen die wachende Wirklichkeit unserer Nachbarn. Da wir alle schlafen und träumen, so können wir vielleicht die Freiheit entbehren; denn unsere Tyrannen schlafen ebenfalls und träumen bloß ihre Tyrannei. Nur damals sind wir erwacht als die katholischen Römer unsere Traumfreiheit geraubt hatten; da handelten wir und siegten, und legten uns wieder hin und träumten. O Herr, spottet nicht unserer Träumer, dann und wann, wie Somnambulen, sprechen sie Wunderbares im Schlafe, und ihr Wort wird Saat der Freiheit. Keiner kann absehen die Wendung der Dinge. Der spleenige Brite, seines Weibes überdrüssig, legt ihr vielleicht einen Strick um den Hals und bringt sie zum Verkauf nach Smithfield. Der flatternde Franzose wird seiner geliebten Braut vielleicht treulos und verläßt sie. Der Deutsche wird aber seine Großmutter nie ganz vor der Thüre stoßen, er wird ihr immer ein Plätzchen am Herde gönnen, wo sie den horchenden Kindern ihre Märchen erzählen kann......Wenn einst, was Gott verhüte, in der ganzen Welt die Freiheit verschwunden ist, so wird ein deutscher Träumer sie in seinen Träumen wieder entdecken."

HEINRICH HEINE (1797–1856)

XI

Der Schatz eines Fürsten bestand aus goldenem, später auch
aus silbernem Schmuck und Gerät, aus Armringen, Spangen,
Diademen, Ketten, Bechern, Trinkhörnern, Becken, Schalen,
Krügen, Tischplatten und Pferdeschmuck teils von römischer zu-
weilen auch von heimischer Arbeit, ferner aus Edelsteinen und
Perlen, aus kostbaren Gewändern, die in den kaiserlichen
Fabriken gewebt waren, und aus gut gestählten und geschmückten
Waffen. Dann aus gemünztem Gold, zumal wenn es durch
Größe oder Gepräge merkwürdig war; endlich aus Goldbarren,
welche in die römische Form von Stäben in die deutsche von
Birnen oder Keilen gegossen wurden. Auch der König bewahrte
verarbeitetes Edelmetall lieber als das runde Geld, und schon in
der Wanderzeit wurde auf eine Arbeit, welche für zierlich galt,
und auf kostbare Steine, welche eingefügt waren, hoher Wert
gelegt. Außerdem suchte man die Pracht in Umfang und Schwere
der einzelnen Stücke, wie schon die Römer getan. Die Tafel-
aufsätze wurden in riesiger Größe verfertigt, zumal silberne
Becken, und mußten zuweilen durch Maschinen auf die Tafel
gehoben werden. Solche Kostbarkeiten erwarb ein Fürst durch
Geschenke, welche bei jeder Staatsaktion, bei Besuchen, Gesandt-
schaften, Friedensverträgen gegeben und empfangen wurden, am
liebsten durch Tribut, den ihm die Römer bezahlten und der
nicht niedrig war — 300, 700 Pfund Gold jährlich — endlich
durch Raub und Beute, durch die Abgaben der Unterworfenen
und die Einnahmen von seinen Gütern. Auch das geprägte
Metall, welches in den neugegründeten Germanenreichen zum
Schatze floß, wurde oft verarbeitet. Gern rühmte sich der
Besitzer seiner Prachtstücke und der Größe seiner Geldkisten.

GUSTAV FREYTAG (1816–1895)

XII

Mögen die Verbindungen immerhin in ihren Neigungen so mannigfaltig sich zeigen, wie die Farben ihrer Bänder und Mützen, mögen sie sich um Grundsätze streiten und ihre Sache trotzig und herausfordernd mit dem Schläger vertreten, dennoch sind sie in entscheidender Stunde einig im Geiste. Altüberlieferter Brauch ist für alle gültig und im Komment gefestigt, und die jungen Kräfte spüren, sobald sie in die Verbindung eingegliedert werden, überall die erziehliche Macht des Ganzen sehr nachdrücklich. Fuchs zu sein, ist nicht immer angenehm; wer am Gymnasium sich viel einbildete auf den besten Aufsatz und sich ein großer Held dünkte wegen tabelloser Zeugnisse, von den Lehrern gelobt und von Eltern verzogen und von Geschwistern bewundert wurde, wird in der Verbindung in wenigen Wochen sehr demütig gemacht, sinkt in nichts zusammen, muß gehorchen und dienen lernen. Der Zaghafte dagegen wird ermuntert, angestachelt, durch das Vorbild älterer zur Nachfolge gereizt, oft schlägt er plötzlich um und zeigt nun Neigung, ein Durchgänger zu werden, dem wieder die Zügel fester anzulegen sind. Der Gang durch die Fuchszeit, die es gibt, so lange es Studenten gibt, hat großen Einfluß auf den Charakter, so daß man noch im späteren Leben die Wirkung davon spürt.

Diese Bewahrung alten Brauches in einer Zeit, wo das Neue sich oft recht unangenehm geltend macht und zerstört, ohne dafür genügend aufzubauen, die Achtung vor den Verbindungen, die schon zu der Urväter Zeiten die Jünglinge aus allen deutschen Gauen umschloffen und mit einheitlichen Geist erfüllten, beides miteinander wird dem Studentenleben die Teilnahme des Volkes in weiteren Kreisen erhalten, so lange die Studenten sich selbst solche Güter nicht nehmen laffen.

C. BEYER

XIII

Plötzlich lenkte der General das Paar in eine Felsen-Spalte hinein, worin sie hoch oben das eine höchste Berghorn schon vom Morgen-Purpur umwickelt sahen, das andere tiefere vom Nacht-schleier umwunden, zwischen beiden schimmerte der Morgenstern — die Jungfrau und der Jüngling riefen mit einander: o Gott!

Schnell führte er Beide durch einen künstlichen Weg vor das stäubende Grab, worein sich der Wasserfall, wie ein Selbstmörder, stürzte, und woraus er als ein langer verklärter Strom aufer-stand und in die Länder griff. Der Strom stürzte — ohne daß man sehen konnte, aus welcher Höhe — weit über eine alte Ruinen-Mauer hinüber und hinab.

Zablocki sagte darauf schreiend, wenn Beide nicht scheueten, sich auf Gefahr eines schwachen Dampf-Regens mit ihm hart an der Mauer hin und durch deren niedrige von lauter grünen Zweigen zugewebte Pforte durch zu drängen: so könnten sie auch etwas von der ebenen Landschaft sehen.

Er ging voraus, mit langem Arme sich Winen nachziehend. Als sie durch das halb versunkene Thor durch waren, sahen sie in Westen eine Ebene voll Klöster und Dörfer mit einem dunkeln Strom in seinem Thal, und in Osten die Gebirge, die wieder auf Gebirgen wohnten, und, wie die Zybele, mit rothen Städten aus Eis, wie mit Goldkronen, im hohen Himmel standen. Die Menschen erwarteten das Durchbrennen der Sonne, welche den Schnee des Erden-Altars schon sanft mit ihren warmen Rosen füllte. Der Donner des Wassers zog noch allein durch den Morgenhimmel. Jetzt blickte Gottwalt von Osten weg und in die Höhe, denn ein seltsamer Goldschein überflog das nasse Grün — da sah er über seinem Haupte den fest schwebenden Wasser-fall vor der Morgensonne brennen als eine fliegende Flammen-brücke, über welche der Sonnenwagen mit seinen Rossen ent-

zündend rollte. Er warf sich auf die Knie, und den Hut ab,
und die Hände empor, schauete auf und rief laut: O, die
Herrlichkeit Gottes, Wina! JEAN PAUL (1763–1825)

XIV

Aber auch du, deutsches Volk, bist schlecht geworden und mußt
anders werden, wenn Gott dich aus der Schande erlösen soll.
Du bist nicht mehr das biedere, einfältige, mäßige, bescheidene
und feste Volk, als welches deine Vorfahren gepriesen wurden.
Du hast zuviel mit fremden Götzen gebuhlt, hast dich dem Aus-
ländischen und Ungeschickten zu sehr angehängt und der Art und
Sitte deines Landes vergessen; du liebst und ehrst das Ein-
heimische und Deutsche nicht vor allem andern; du fürchtest
Gott und die Gerechtigkeit nicht über allen irdischen Gewalten;
du hast deine Frömmigkeit in Gleichgültigkeit, deinen Ernst in
Leichtsinn, deine Redlichkeit in Tändelei verwandelt; du weißt
vielerlei und kannst vielerlei und klügelst und schwatzest vielerlei,
doch die feste Geduld, die stille Bescheidenheit, die treue Beständig-
keit und soviele andere Tugenden, die sonst deutsche Tugenden
hießen, sind mehr und mehr von dir gewichen. Vieles davon
hat die Zeit verschuldet, das meiste die unglückliche Zerteilung
des Reiches, der Mangel an einem Gefühl, einem Stolz, und
einer Ehre des ganzen deutschen Namens und die traurige
Entzweiung und Auflösung der alten heiligen Verhältnisse, welche
in den verflossenen Jahrhunderten zwischen dem Kaiser und dem
Reiche bestanden. In den letzten Tagen haben dich die Miß-
handlungen und Schändungen der Fremden und alle erdenklichen
Gaukeleien, Vorspiegelungen und Verrätereien von Jahr zu Jahr
schlechter gemacht; viele fingen schon an mit ihren Ketten zu spielen
und suchten sie sich hie und da blank und bequem zu machen;
du warest auf dem Wege, ein banditisches und räuberisches
Volk zu werden, wie die sind, welche sich deine Herren nannten.

E. M. ARNDT (1769–1860)

XV

Erinnert Euch an die Vorzeit, an den großen Kurfürsten, den großen Friedrich! Bleibt eingedenk der Güter, die unter ihnen unsere Vorfahren blutig erkämpften: Gewissensfreiheit, Ehre, Unabhängigkeit, Handel, Kunstfleiß und Wissenschaft. Gedenkt des großen Beispiels unserer mächtigen Verbündeten, der Russen, gedenkt der Spanier, der Portugiesen. Selbst kleinere Völker sind für gleiche Güter gegen mächtigere Feinde in den Kampf gezogen und haben den Sieg errungen. Erinnert Euch an die heldenmüthigen Schweizer und Niederländer......Große Opfer werden von allen Ständen gefordert werden; denn unser Beginnen ist groß, und nicht geringe die Zahl und die Mittel unserer Feinde. Ihr werdet jene lieber bringen für das Vaterland, für Euren angebornen König, als für einen fremden Herrscher, der wie so viele Beispiele lehren, Eure Söhne und Eure letzten Kräfte Zwecken widmen würde, die Euch ganz fremd sind. Vertrauen auf Gott, Ausdauer, Muth, und der mächtige Beistand unserer Bundesgenossen werden unseren redlichen Anstrengungen siegreichen Lohn gewähren. Aber, welche Opfer auch von Einzelnen gefordert werden mögen, sie wiegen die heiligen Güter nicht auf, für die wir sie hingeben, für die wir streiten und siegen müssen, wenn wir nicht aufhören wollen, Preußen und Deutsche zu sein. Es ist der letzte entscheidende Kampf, den wir bestehen für unsere Existenz, unsere Unabhängigkeit, unsern Wohlstand; keinen andern Ausweg giebt es, als einen ehrenvollen Frieden oder einen ruhmvollen Untergang. Auch diesem würdet Ihr getrost entgegengehen um der Ehre willen, weil ehrlos der Preuße und der Deutsche nicht zu leben vermag. Allein wir dürfen mit Zuversicht vertrauen: Gott und unser fester Willen werden unserer gerechten Sache den Sieg verleihen, mit ihm einen sicheren glorreichen Frieden und die Wiederkehr einer glücklichen Zeit.   FRIEDRICH WILHELM III

XVI

So lange ich denken konnte, hatte der Name Goethe in dem Freundeskreise unseres Hauses einen mehr als königlichen Klang gehabt. Er war ja auch der Juppiter des deutschen Olymps, seine Worte waren Sprüche von canonischer Bedeutung, sein Urteil die letzte Instanz in allen Gebieten des Schönen, in der Gedankenwelt und aller Weisheit der Menschen. Goethe war der einzige deutsche Dichter, an welchem mein Vater Geschmack fand, weil er der einzige sei, der deutsch schreibe, sagte er, und soweit ging er in der Werthschätzung seines Lieblings, daß er den Goethischen Faust gleich an die Bibel reihend, für das zweitbeste Buch der Welt erklärte.

Nicht so die Mutter. Für sie waren die Dichtungen des großen Meisters mannigfach verletzend. Zwar erkannte sie die Pracht und Wahrheit der Goethe'schen Darstellung, den Wohlklang und die Einfalt der Sprache vollkommen und vielleicht mit größerem Verständniß an, als die meisten unbedingten Anbeterinnen jenes geistigen Leviathans; aber es schien ihr diese hohe Meisterschaft zumeist an unwürdige Stoffe verschwendet, und es betrübte sie, allerlei Unsauberkeit der Sünde mit derselben, ja mit noch größerer Liebe behandelt zu sehen, als sittlich Reines und Schönes. Sie wollte, daß so herrliche Kräfte allein im Dienste Gottes tätig wären, wie sie dies an Klopstocks und Herders Muse rühmte, die sie deshalb entschieden vorzog.

Dagegen nahm mein Vater seinen Liebling auf's wackerste in Schutz. Er entgegnete etwa, daß Goethe weder Schulmeister noch Pfaffe, sondern Dichter und als solcher wie alle Künstler nur mit seinem eigenen Maß zu messen sei. Er schildere die Dinge weder, wie er wünsche, daß sie sein möchten, noch wie Gott sie etwa fordern möge; er stelle sie vielmehr ganz einfach blos nach ihrer Wahrheit dar, so wie sie wirklich wären, ohne sich

B   2

ein Richteramt darüber anzumaßen. Was allen bekannt sei,
was jeder habe und besitze, heiße es nun Glück oder Unglück,
Gutes oder Böses, das stelle er als Wirkliches und Unausweich-
liches dar und zwar in einem versöhnlichen Lichte, bei dessen
Schönheit und Liebenswürdigkeit man sich beruhigen könne.

WILHELM VON KÜGELGEN (1802–1867)

XVII

Und sogleich des folgenden Tages gegen Abend ward er in die
Versammlung des Reiches geführt. Der junge Kaiser und unter
den sechs Kurfürsten der eigene Landesherr, so viele andere
weltliche und geistliche Fürsten, vor denen die Untertanen ihre
Knie beugten, zahlreiche durch Taten in Krieg und Frieden
berühmte Oberhäupter, würdige Abgeordnete der Städte, Freunde
und Feinde, erwarteten den Mönch. Der Anblick einer so
erhabenen, prächtigen Versammlung schien ihn doch einen
Augenblick zu blenden. Er sprach mit ziemlich schwacher, unver-
nehmlicher Stimme; viele glaubten, er sei erschrocken. Auf die
Frage, ob er seine Bücher, deren Titel verlesen wurden, sämtlich, wie
sie seien, verteidigen oder sich zu einem Widerruf verstehen wolle,
bat er sich Bedenkzeit aus: auch er nahm, wie wir sehen, die
Förmlichkeiten des Reiches für sich in Anspruch.

Am folgenden Tage erschien er aufs neue in der Versammlung.
Es wurde spät, ehe er vorgelassen ward; schon zündete man
Fackeln an; die Versammlung war vielleicht noch zahlreicher als
gestern, das Gedränge des Volkes so stark, daß kaum die Fürsten
zum Sitzen kamen, die Aufmerksamkeit auf den entscheidenden
Augenblick noch gespannter. Jetzt aber war in Luther keine
Spur von Befangenheit. Auf die ihm wiederholte frühere Frage
antwortete er mit männlich-fester starker Stimme, mit dem Ausdruck freudiger Ruhe. Er teilte seine Werke ein in Bücher der
christlichen Lehre, Schriften wider die Mißbräuche des Stuhles

zu Rom und in Streitschriften. Die ersten widerrufen zu müssen,
sagte er, würde unerhört sein, da selbst die päpstliche Bulle viel
Gutes darin anerkenne; die zweiten — das würde den Roma-
nisten ein Anlaß werden, Deutschland vollends zu unterdrücken;
die dritten — dadurch wurde seinen Gegnern nur neuer Mut
gemacht, sich der Wahrheit entgegenzusetzen. Eine Antwort, die
mehr der falsch gestellten Form der Frage entsprach, als der
Absicht, welche die Reichsstände mit dem Verhör verbanden.

LEOPOLD VON RANKE (1795–1886)

XVIII

Der Offizial von Trier kam der Sache näher, indem er ihn
erinnerte, den Widerruf nicht durchaus und gänzlich abzu-
lehnen: — hätte Arrius einiges zurückgenommen, so würden
nicht zugleich dessen gute Bücher vernichtet worden sein; auch in
bezug auf ihn werde man Mittel finden, seine Bücher nicht alle
zu verbrennen, wenn er nur das widerriefe, was von dem
Konzilium zu Kostniß verdammt worden sei, und was er diesem
Urteil zum Trotz wieder aufgenommen habe. Mehr auf die
Infallibilität der Konzilien, als auf die des Papstes bezog er
sich.

Aber Luther glaubte jetzt an die eine so wenig wie an die
andere; er entgegnete, auch ein Konzilium könne irren; der
Offizial stellte das in Abrede; Luther wiederholte, er wolle
beweisen, daß es geschehen könne und geschehen sei. Natürlich
konnte der Offizial darauf nicht in dieser Umgebung eingehen; er
fragte jetzt nochmals definitiv, ob Luther alle seine Sachen als
rechtgläubig verteidigen, oder ob er etwas davon widerrufen
wolle; er kündigte ihm an, wenn er jeden Widerruf ver-
weigere, so werde das Reich wissen, wie es mit einem Ketzer
zu verfahren habe. Aber auch in Luther, der in Worms Dispu-
tation oder Widerlegung, irgendeine Art von Bekehrung

2—2

erwartet hatte, statt dessen sich aber ohne weiteres als Irrlehrer behandelt sah, hatte sich in dem Gespräch das volle Bewußtsein einer von keiner Willkür abhängenden, in Gottes Wort gegründeten, um Konzilien und Papst unbekümmerten Überzeugung erhoben: Drohungen schreckten ihn nicht; die allgemeine Teilnahme, deren Odem er um sich wehen fühlte, hatte ihn erst recht befestigt; sein Gefühl war, wie er im Hinausgehen sagte: hätte er tausend Köpfe, so wolle er sie sich eher abschlagen lassen, als einen Widerruf leisten. Er erwiderte nach wie vor, werde er nicht mit Sprüchen der Heiligen Schrift überwiesen, daß er irre, so könne und wolle er nicht widerrufen, weil sein Gewissen in Gottes Wort gefangen sei. „Hier stehe ich," rief er aus, „ich kann nicht anders! Gott helfe mir! Amen."

LEOPOLD VON RANKE

XIX

Wenden wir zum erläuternden Gegensatz rasch einen Seitenblick auf das neue München, wie es sich von außen dem Auge darstellt. Hier herrscht die Kunst, München ohne seine Kunstwerke wäre gar nicht München, es wäre eine farblose Landstadt, die kein Fremder um ihrer selbst willen aufsuchte; Wien und Berlin ohne ihre Kunstwerke wären immer noch Wien und Berlin. Das monumentale München zeigt ein Suchen und Probieren in allerlei Kunst und Art; man mag dies tadeln; allein der Grund des unsteten Tastens und Suchens lag noch darin, daß man eine reine und vielseitige Kunst finden, daß man neue Muster der Kunst gleichsam im Aufbau einer ganzen Stadt aufstellen wollte. Man liebt heutzutage große Gedanken und große Phrasen: eine ganze Stadt als Kunststudie wäre beides zugleich. Wer von Wien oder Berlin kommt, dem erscheinen die Münchener Bauten und Denkmale leicht etwas leer, zu viel stilisiert und zu

wenig geschmückt, kalt, zerstreut und ebendarum von äußerst
kleinerer Wirkung. Aber bei tieferem Nachdenken ergreift uns
doch eine stille innere Größe; die meisten dieser monumentalen
Bauwerke dienten entweder der Kunstpflege und der Wissenschaft,
oder sie sind auch rein um der Schönheit selbst willen aufgeführt.
Eine Kunststadt, welche wegen der Kunst neu erbaut wurde —
das ist die auszeichnende äußere Physiognomie Münchens, worin
ihm keine andere Stadt Deutschlands, ja der Welt, gleichsteht.
Errichtet man doch mitunter sogar Porträtstatuen aus überwie=
gendem Kunstbedürfnis; wenigstens scheint es bei einigen
unserer sechzehn Erzstatuen so, als habe man große Männer
gesucht, weil man für den Platz doch noch ein Standbild brauchte,
dabei sind dann freilich einigemal die Männer und die Statuen
etwas klein ausgefallen.

W. H. RIEHL (1823–1897)

XX

Achilles

Was ist's, du wunderbares Weib, daß du,
Athene gleich, an eines Kriegsheers Spitze,
Wie aus den Wolken nieder, unbeleidigt,
In unsern Streit von Troja, plötzlich fällst?
Was treibt, vom Kopf zu Fuß in Erz gerüstet,
So unbegriffner Wut voll, Furien ähnlich,
Dich gegen das Geschlecht der Griechen an;
Du, die sich bloß in ihrer Schöne, ruhig
Zu zeigen brauchte, Liebliche, das ganze
Geschlecht der Männer dir im Staub zu sehn?

Penthesilea

Ach, Nereidensohn! sie ist mir nicht,
Die Kunst vergönnt, die sanftere, der Frauen!
Nicht bei dem Fest, wie deines Landes Töchter,
Wenn zu weiteifernd frohen Übungen
Die ganze Jugendpracht zusammenströmt,
Darf ich mir den Geliebten ausersehn;
Nicht mit dem Strauß so oder so gestellt,
Und dem verschämten Blick, ihn zu mir locken;
Nicht in dem Nachtigall-durchschmetterten
Granatwald, wenn der Morgen glüht, ihm sagen,
An seine Brust gesunken, daß er's sei.
Im blutigen Feld der Schlacht muß ich ihn suchen,
Den Jüngling, den mein Herz sich auserkor,
Und ihn mit ehr'nen Armen mir ergreifen,
Den dieses welche Herz empfangen soll.

Achilles

Und woher quillt, von wannen ein Gesetz
Unweiblich, du vergibst mir, unnatürlich,
Dem übrigen Geschlecht der Menschen fremd?

Penthesilea

Fern aus der Urne alles Heiligen,
O Jüngling, von der Zeiten Gipfeln nieder,
Den unbetretenen, die der Himmel ewig
In Wolkenduft geheimnißvoll verhüllt.
Der ersten Mütter Wort entschied es also,
Und dem verstummen wir, Nereidensohn,
Wie deiner ersten Väter Worten du.

HEINRICH VON KLEIST (1777–1811)

XXI

Ich spürte, daß mein Schicksal mich zog, ich spürte, daß die Erfüllung nahe sei, und ich war toll vor Ungeduld, daß ich nichts dazu tun konnte. Einst auf einem Bahnhof, ich glaube, es war in Innsbruck, sah ich in einem eben wegfahrenden Zug am Fenster eine Gestalt, die mich an sie erinnerte, und war tagelang unglücklich. Und plötzlich erschien die Gestalt mir wieder nachts in einem Traume, ich erwachte mit einem beschämten und öden Gefühl von der Sinnlosigkeit meiner Jagd, und fuhr geraden Weges nach Hause zurück.

Ein paar Wochen später ließ ich mich auf der Universität H. einschreiben. Alles enttäuschte mich. Das Kolleg über Geschichte der Philosophie, das ich hörte, war ebenso wesenlos und fabrikmäßig wie das Treiben der studierenden Jünglinge. Alles war so nach der Schablone, einer tat wie der andere, und die erhitzte Fröhlichkeit auf den knabenhaften Gesichtern sah so betrübend leer und fertiggekauft aus! Aber ich war frei, ich hatte meinen ganzen Tag für mich, wohnte still und schön in altem Gemäuer vor der Stadt und hatte an meinem Tisch ein paar Bände Nietzsche liegen. Mit ihm lebte ich, fühlte die Einsamkeit seiner Seele, witterte das Schicksal, das ihn unaufhaltsam trieb, litt mit ihm und war selig daß es einen gegeben hatte, der so unerbittlich seinen Weg gegangen war.

Spät am Abend schlenderte ich einst durch die Stadt, im wehenden Herbstwind, und hörte aus den Wirtshäusern die Studentenvereine singen. Aus geöffneten Fenstern drang Tabakrauch in Wolken hervor, und in dickem Schwall der Gesang, laut und straff, doch unbeschwingt und leblos uniform.

Ich stand an einer Straßenecke und hörte zu, aus zwei Kneipen scholl die pünktlich ausgeübte Munterkeit der Jugend in die Nacht. Überall Gemeinsamkeit, überall Zusammenhocken, überall Abladen des Schicksals und Flucht in warme Herdennähe!

HERMANN HESSE (1877–   )

XXII

Lerse, ebenmäßig unser Tischgeselle, gehörte auch zu dieser Zahl, ein vollkommen rechtlicher und bei beschränkten Glücksgütern mäßiger und genauer junger Mann. Seine Lebens- und Haus- haltungsweise war die knappste, die ich unter Studirenden je kannte. Er trug sich am saubersten von uns allen, und doch erschien er immer in denselben Kleidern; aber er behandelte auch seine Garderobe mit der größten Sorgfalt, er hielt seine Umgebung reinlich, und so verlangte er auch nach seinem Beispiel alles im gemeinen Leben. Es begegnete ihm nicht, daß er sich irgendwo angelehnt oder seinen Ellenbogen auf den Tisch gestemmt hätte; niemals vergaß er seine Serviette zu zeichnen, und der Magd gerieth es immer zum Unheil, wenn die Stühle nicht höchst sauber gefunden wurden. Bei allem diesem hatte er nichts Steifes in seinem Äußern. Er sprach treuherzig, bestimmt und trocken lebhaft, wobei ein leichter ironischer Scherz ihn gar wohl kleidete. An Gestalt war er gut gebildet, schlank und von ziemlicher Größe, sein Gesicht pockennarbig und unscheinbar, seine kleinen blauen Augen heiter und durchdringend. Wenn er uns nun von so mancher Seite zu hofmeistern Ursache hatte, so ließen wir ihn auch noch außerdem für unsern Fechtmeister gelten; denn er führte ein sehr gutes Rappier, und es schien ihm Spaß zu machen, bei dieser Gelegenheit alle Pedantrie dieses Metiers an uns auszuüben. Auch profitierten wir bei ihm wirklich und mußten ihm dankbar seyn für manche gesellige Stunde, die er uns in guter Bewegung und Übung verbringen ließ.

J. W. VON GOETHE

XXIII

Es wallt das Korn weit in die Runde
Und wie ein Meer dehnt es sich aus;
Doch liegt auf seinem stillen Grunde
Nicht Seegewürm, noch andrer Graus:
Da träumen Blumen nur von Kränzen
Und trinken der Gestirne Schein.
O, goldnes Meer, dein friedlich Glänzen
Saugt meine Seele gierig ein!

In meiner Heimat grünen Talen
Da herrscht ein alter schöner Brauch;
Wann hell die Sommersterne strahlen,
Der Glühwurm schimmert durch den Strauch,
Dann geht ein Flüstern und ein Winken,
Das sich dem Ährenfelde naht,
Da geht ein nächtlich Silberblinken
Von Sicheln durch die goldne Saat.

Das sind die Burschen, jung und wacker,
Die sammeln sich im Feld zu Hauf
Und suchen den gereiften Acker
Der Witwe oder Waise auf,
Die keines Vaters, keiner Brüder
Und keines Knechtes Hilfe weiß —
Ihr schneiden sie den Segen nieder,
Die reinste Lust ziert ihren Fleiß.

Schon sind die Garben festgebunden
Und schön in einen Kranz gebracht;
Wie lieblich flohn die stillen Stunden,
Es war ein Spiel in kühler Nacht!
Nun wird geschwärmt und hell gesungen
Im Garbenkreis, bis Morgenduft
Die nimmermüden, braunen Jungen
Zur eignen schweren Arbeit ruft.   GOTTFRIED KELLER

XXIV

Da man ein Gewitter voraussah, war alles in den Kleidern geblieben. Die Bezirksgewitternachtwachen sowie die Spritzenmannschaften waren schon seit Stunden beisammen. Herr Nettenmair hatte den Sohn nach der Hauptwachtstube im Rathause gesandt, um da seine, des Ratschieferdeckermeisters, Stelle zu vertreten. Die zwei Gesellen saßen bei den Turmwächtern, der eine zu Sankt Georg, der andre zu Sankt Nikolaus. Die übrigen Ratswerkleute unterhielten sich in der Wachtstube, so gut sie konnten. Der Ratsbauherr sah bekümmert auf den brütenden Apollonius. Der fühlte des Freundes Auge auf sich gerichtet und erhob sich, seinen Zustand zu verbergen. In dem Augenblick brauste der Sturmwind von neuem in den Lüften daher. Auf dem Rathausturme schlug es eins. Der Glockenton wimmerte in den Fäusten des Sturms, der ihn mit sich fortriß in seine wilde Jagd. Apollonius trat an ein Fenster, wie um zu sehen, was es draußen gebe. Da leckte eine riesige schwefelblaue Zunge herein, bäumte sich zitternd zweimal an Ofen, Wand und Menschen auf und verschlang sich spurlos in sich selber. Der Sturm brauste fort; aber wie er aus dem letzten Glockenton von Sankt Georg geboren schien, so erhob sich jetzt aus seinem Brausen etwas, das an Gewalt sich so riesig über ihn emporreckte, wie sein Brausen über den Glockenton Eine unsichtbare Welt schien in den Lüften zu zertrümmern. Der Sturm brauste und pfiff wie mit der Wut des Tigers, daß er nicht vernichten konnte, was er packte; das tiefe, majestätische Rollen, das ihn überdröhnte, war das Gebrüll des Löwen, der den Fuß auf dem Feinde hat, der triumphierende Ausdruck der in der Tat gesättigten Kraft.

Das hat eingeschlagen, sagte einer......Ein Hilfegeschrei, ein Feuerruf erscholl durch Sturm und Donner......Hörner bliesen, Trommeln wirbelten darein. Und immer der Sturm und Donner auf Donner. Dann rief es: Wo ist der Nettenmair? Kann einer helfen, ist's der Nettenmair. OTTO LUDWIG (1813–1865)

XXV

Allmählich bereiten sich indessen freundlichere Bilder vor, — zerstreute Grasflächen in den Niederungen, häufigere und frischere Baumgruppen begrüßen uns als Vorposten nahender Fruchtbarkeit, und bald befinden wir uns in dem Herzen des Münsterlandes, in einer Gegend, die so anmutig ist, wie der gänzliche Mangel an Gebirgen, Felsen und belebten Strömen dieses nur immer gestattet, und die wie eine große Oase in dem sie von allen Seiten, nach Holland, Oldenburg, Kleve zu, umstäubenden Sandmeer liegt.

In hohem Grade friedlich, hat sie doch nichts von dem Charakter der Einöde; vielmehr mögen wenige Landschaften so voll Grün, Nachtigallenschlag und Blumenflor angetroffen werden, und der aus minder feuchten Gegenden Einwandernde wird fast betäubt vom Geschmetter der zahllosen Singvögel, die ihre Nahrung in dem weichen Kleiboden finden. Die wüsten Steppen haben sich in mäßige, mit einer Heideblumendecke farbig überhauchte Weidestrecken zusammengezogen, aus denen jeder Schritt Schwärme blauer, gelber und milchweißer Schmetterlinge aufstäuben läßt. Fast jeder dieser Weidegründe enthält einen Wasserspiegel, von Schwertlilien umkränzt an denen Tausende kleiner Libellen wie bunte Stäbchen hängen, während die der größeren Art bis auf die Mitte des Weihers schnurren, wo sie in die Blätter der gelben Nymphäen wie goldene Schmucknadeln in emaillierte Schalen niederfallen und dort auf die Wasserinsekten lauern, von denen sie sich nähren. Das Ganze umgrenzen kleine, aber zahlreiche Waldungen, alles Laubholz, und namentlich ein Eichenbestand von tadelloser Schönheit, der die holländische Marine mit Masten versieht — in jedem Baume ein Nest, auf jedem Aste ein lustiger Vogel und überall eine Frische des Grüns und ein Blätterduft, wie dieses anderwärts nur nach einem Frühlingsmorgen der Fall ist.

Unter ben Zweigen lauschen die Wohnungen hervor, die, langgestreckt, mit tief niederragendem Dache, im Schatten Mittagsruhe zu halten und mit halbgeschlossenem Auge nach den Rindern zu schauen scheinen, welche hellfarbig und gescheckt, wie eine Damwildherde, sich gegen das Grün des Waldbodens oder den blassen Horizont abheben, abzeichnen und in wechselnden Gruppen durcheinander schieben, da diese Heiden immer Almenden sind, und jede wenigstens sechzig Stück Hornvieh und darüber enthält.

ANNETTE VON DROSTE-HÜLSHOFF

XXVI

(a) Als gewissenhafter Abgeordneter erschien Uhland täglich an seinem Platze und auch einige Male auf der Rednerbühne. Das ganz lichte Auge unter lichter Braue sieht über die Menge hinweg ins Leere, es haftet an keines Menschen Blicke, es erwidert keinen, und wie ein Einsiedler spricht der Mann mit herber, schwäbisch akzentuierter Stimme da oben, als ob ihn niemand hörte. Keine Spur von Dramatik! Langsam, in kleinen Pausen, klimmt ein Satz nach dem andern hervor, und die Paulskirche gewöhnt sich bald daran, die politische Ansicht seiner Rede zu übersehen, einige schöne Bilder aber und Vergleiche, die nie in seiner Rede fehlen, mit Beifall auszuzeichnen.

HEINRICH LAUBE

(b) Man hat wohl gesagt: Oesterreich hat den großen providentiellen Beruf, nach dem Osten hin mächtig zu sein, nach dem Osten Aufklärung und Gesittung zu tragen. Aber wie kann das deutsche Oesterreich Macht üben, wenn es selbst überwältigt ist? Wie kann es leuchten und aufklären, wenn es zugedeckt und verdunkelt ist? Mag immerhin Oesterreich den Beruf haben eine Laterne für den Osten zu sein, es hat einen näheren, höheren Beruf: eine Pulsader zu sein im Herzen Deutschlands! Oesterreich ist mit uns gewesen im Deutschen Bunde; wie auf ihm selbst, hat auf uns, auf allen Zuckungen der Freiheit in den einzelnen deutschen Staaten, der Druck der oesterreichischen Diplomatie gelastet; wir hätten dennoch Oesterreich nicht los= gelassen; wir wußten, was wir ihm verdankten. Aber jetzt soll Oesterreich von uns losgerissen werden? jetzt, wo es eben jung wie ein Adler, mit den frischen Wunden der März= und Mai= kämpfe zu uns herangetreten ist, um den neuen Bund der Freiheit zu schließen? Man sagt, die alten Mauerwerke seien darum so unzerstörbar, weil der Kalk mit Blut gelöscht sei — Oesterreich hat sein Herzblut gemischt in den Mörtel zum Neubau der deutschen Freiheit, Oesterreich muß mit uns sein und bleiben in der neuen politischen Paulskirche! Meine Herren, Sie haben kaum erst ein Gesetz zum Schutze der persönlichen Freiheit der Abgeordneten gemacht: wollen Sie zustimmen, daß anderthalbhundert deutsch= oesterreichische Volksvertreter vor Ihren Augen hinweggeführt werden in die Verbannung?

LUDWIG UHLAND (1787–1862)

XXVII

Die Behandlung des Lateinischen in der Realschule, ich kann nicht unterlassen es noch ausdrücklich hervorzuheben, ist ein überaus lehrreiches, wenn auch im übrigen nicht erfreuliches Beispiel für die Wandlungsfähigkeit pädagogischer Ansichten, für die Fehlbarkeit zugleich der offiziellen Pädagogik und ihrer Lehr= ordnungen. Die Klagen über das Latein, die Verwerfungs= urteile über eine Schulform mit lateinischem, ohne griechischen Unterricht, gehen jetzt regelmäßig von den Vertretern der klassischen Bildung aus, wogegen die lateinlose Realschule als die rein moderne Form der höheren Schule von ihnen gepriesen wird. In der ersten Hälfte des 19. Jahrhunderts konnte dagegen Friedrich Thiersch unter dem Beifall aller Neuhumanisten es nicht genug rühmen, daß auf den altwürttembergischen Schulen auch künftige Handwerker die lateinische Grammatik lernten. Dagegen wußte er von den lateinlosen Realschulen zu sagen: „Ein gebildeter Mensch, der den Namen verdient, wird nie aus ihnen hervorgehen, ich würde kein Kind in eine Realschule schicken, und wenn es weiter nichts als ein Nagelschmied werden sollte." Und so galt es bei der offiziellen Pädagogik in Preußen während der vierziger und fünfziger Jahre für ausgemacht, daß ohne die Zucht des Geistes durch die lateinische Grammatik eigentlich kein Mensch zum sicheren Gebrauch seines Verstandes kommen könne. Ich habe niemals diesen Glauben an die alleinseligmachende Kraft der lateinischen Sprache geteilt; aber ebensowenig kann ich mich jetzt entschließen zu glauben, daß der lateinische Unterricht ohne den griechischen „ins Wasser geworfen" oder gar eine Art „Geistesmord„ sei. Ich glaube nicht an die Inkarnation der Logik in der lateinischen Grammatik, aber ich sehe, daß die Kenntnis der lateinischen Sprache für jedes wissenschaftliche Studium an der Universität zurzeit unentbehrlich ist. Geht man von dieser Zweckbestimmung ab, dann kommt man in einen Ozean schwankenden Meinens, auf dem Neigungen und Abneigungen das Urteil ziellos umtreiben.

FRIEDRICH PAULSEN

XXVIII

Alle atmosphärische Erscheinungen haben in dieser Gebirgsgegend einen andern Charakter als im niederen Lande und drücken sich viel entschiedener aus. Nur muß man, der Himmel mache ein Gesicht welches er wolle, sich entschließen aus der Karlsbader Schlucht heraus zu gehen und die Höhen zu ersteigen, wo man nach dem Egerkreis und den sächsischen Gebirgen hinsieht. Alles was man in der Enge nur einzeln und mißmutig gewahr wird übersieht sich sodann mit Vergnügen und Belehrung.

Unsere ganze Wetterbeobachtung überhaupt bezieht sich allein
auf den Wetterstreit der Atmosphäre den sie mit Dunst und Nebel
und Wolken aller Art zu bestehen hat; erreicht sie einen gewissen
Grad der Elastizität, der sich an unsern Barometern bezeichnen
läßt, so vermag sie alle Feuchtigkeit in sich zu heben, zu tragen,
fortzuführen, aufzulösen und zuletzt dunstartig dergestalt in sich
zu vertheilen, daß wir nur eine vollkommene Tagesbläue des
Firmaments gewahr werden. Diese Disposition der Atmosphäre
wird vom Ostwinde verursacht, oder begleitet. Daß die Feuchtigkeit hingegen sich schichtweise zusammenzieht, näher an der
Erde schwebt, sich auch allenfalls zu Wolkenmassen zusammenballt,
deutet schon darauf hin, daß die gebietende Kraft der Atmosphäre
nachläßt, und erlaubt daß Dunstsäulen und Nebelgespinnste in
allen Formen aufsteigen, sich versammeln, flach einher schweben
und zuletzt, als Regenschauer im Einzelnen oder als Landguß im
Allgemeinen, niedergehen; zu diesen Ereignissen gesellt sich der
Westwind. Wir finden sonach die atmosphärischen Erscheinungen
immerfort eine durch die andere bestimmt; Barometerstand,
Windstrich, Wolkenzug und Gestalt beziehen sich unmittelbar auf
einander.

Der größte Vorteil jedoch, den man auf einem so hohen
Standpuncte genießt, erzeigt sich darin, daß man zweierlei Dis-
positionen der Atmosphäre, die Beschaffenheit einer untern und
obern Region, gewahr wird.

J. W. von Goethe

XXIX

Doch der rechte Mann stand auf der rechten Stelle: Eduard
Jungmann, ein aus Polnisch-Lissa gebürtiger preußischer Ar-
tillerieoffizier, der während der letzten Jahre in der Türkei als
Instruktor gedient und am Bosporus 450 Standgeschütze befehligt
hatte. Er allein unter allen deutschen Soldaten hier am Meer-

buſen beſaß mithin Kenntnis vom Seeweſen und von der
Küſtenverteidigung. Erſt wenige Tage vor dem Beginn des
Feldzugs war er im Hauptquartier der ſchleswig-holſteiniſchen
Armee erſchienen, um ſeinen guten Degen der deutſchen Sache
anzubieten; der preußiſche Hauptmann v. Delius, der treffliche
Generalſtabschef der Schleswig-Holſteiner, hatte den Frembling,
der noch im Fes und halborientaliſcher Tracht einherging, ſogleich
durchſchaut. Nach zwei Stunden ſchon war Jungmann zum
Hauptmann ernannt und — ſo unfertig lag noch alles — als
einziger Offizier mit dem Befehle über zehn Geſchütze der beiden
Strandbatterien beauftragt. Erſtaunlich, wie der ſtrenge, ſtolze,
kleine Mann ſeine Leute jetzt ſcharf in die Schule nahm und in
kurzem zu leiblichen Artilleriſten ausbildete; es waren 55 Mann
in der Nordſchanze, 37 in der Südſchanze. Das Kommando in
der Südſchanze übertrug Jungmann dem Unteroffizier v. Preußer,
einem jungen Landwirt, der um des Vaterlandes willen freiwillig
eingetreten war und hinter beſcheidenem Weſen die unbeugſame
niederdeutſche Willenskraft verbarg. Als die Schiffe gegen
$\frac{1}{2}$ 8 Uhr zum erſten Male ihre Breitſeiten entluden, trat Jungmann auf die Bruſtwehr hinauf, um ſeiner jungen Mann-
ſchaft zu zeigen, daß nicht jede Kugel trifft. Die Dänen ſchoſſen
lagenweiſe, ſo daß die Deutſchen in den Zwiſchenzeiten ihre über
Bank feuernde Geſchütze immer bedienen konnten, und ſie
zielten unbegreiflich ſchlecht, obgleich die See noch nicht ſehr
hoch ging. Die Deutſchen dagegen fanden an den mächtigen
Schiffskörpern ein breites Ziel, und keine ihrer Kugeln ging fehl.

HEINRICH VON TREITSCHKE (1834–1896)

XXX

Bald griff auch die Südſchanze kräftig in den Kampf ein,
nachher auch die vier naſſauiſchen Geſchütze am Schnellmarker
Holze. Ihr Kommandant, Hauptmann Müller, ein entſchloſſener

alter Soldat, der schon bei Waterloo mitgefochten hatte, verfeuerte in einer Stunde 120 Kugeln und 28 Granaten, und er hatte Glück: eines seiner Geschosse schlug troz der weiten Entfernung dem einen Dampfschiff in die Maschine, die fast im selben Augenblicke von einer Kugel aus der Nordschanze getroffen wurde. Der Dampfer mußte, um den Schaden auszubessern, für einige Zeit den Hafen verlassen. Die Kartätschen der Dänen hingegen gingen allesamt zu kurz, ihre Kugeln und Granaten zu hoch, so daß die Nassauer in dem ungeheuren Getöse gar keine Verluste erlitten. Als das Gefecht sich westwärts, tiefer in den Hafen hinein, zog, da vermochten die schwachen Feldgeschütze den Feind nicht mehr zu erreichen, und mein Vater ließ sie vorläufig das Feuer einstellen; ihre Stellung durften sie natürlich nicht wechseln, da die Schiffe sich ja in jedem Augenblick wieder ostwärts wenden konnten. Mein Vater selbst blieb vor dem Gehölze halten, denn er sagte sich, daß sein Platz da war, wo der Hauptteil der Brigade stand; wie dürfte er in Abwesenheit des Herzogs diese Truppen ganz ohne Leitung lassen? Etwas später, gegen 10 Uhr, hatten auch die beiden nach dem Nordstrande entsendeten nassauischen Kanonen endlich ihr Ziel erreicht. Des Weges unkündig, waren sie in dem schwierigen Terrain eine Weile umhergeirrt, bis ihnen Jungmann eine Aufstellung westlich von der Nordschanze anweisen ließ. Hier begannen sie, hinter den Knicks versteckt, sogleich ihr Feuer, und obwohl ihre kleinen Kugeln wenig Schaden anrichteten, so blieb ihre Beihilfe doch nicht ohne Folgen. Die längst durch den kräftigen Widerstand erschreckten Dänen glaubten in den armseligen zwei Feldkanonen eine starke Artilleriemasse zu sehen und richteten ihr Feuer eine Zeitlang gegen diese Knicks.

HEINRICH VON TREITSCHKE

XXXI

Was ist aber diese große Aufgabe unserer Zeit? Es ist die Emanzipation der ganzen Welt, absonderlich Europas, das mündig geworden ist, und sich jetzt losreißt von dem eisernen Gängelbande der Bevorrechteten, der Aristokratie. Mögen immerhin einige philosophische Renegaten der Freiheit die feinsten Kettenschlüsse schmieden, um uns zu beweisen, daß Millionen Menschen geschaffen sind als Lasttiere einiger privilegierter Ritter; sie werden uns dennoch nicht davon überzeugen können, solange sie uns, wie Voltaire sagt, nicht nachweisen, daß jene mit Sätteln auf dem Rücken und diese mit Sporen an den Füßen zur Welt gekommen sind.—Jede Zeit hat ihre Aufgabe, und durch die Lösung derselben rückt die Menschheit weiter. Die frühere Ungleichheit durch das Feudalsystem in Europa gestiftet, war vielleicht notwendig, oder notwendige Bedingung zu den Fortschritten der Zivilisation; jetzt aber hemmt sie diese, empört sie die zivilisierten Herzen. Die Franzosen, das Volk der Gesellschaft, hat diese Ungleichheit, die mit dem Prinzip der Gesellschaft am unleidlichsten kollidiert, notwendigerweise am tiefsten erbittert, sie haben die Gleichheit zu erzwingen gesucht, indem sie die Häupter derjenigen, die durchaus hervorragen wollten, gelinde abgeschnitten, und die Revolution ward ein Signal für den Befreiungskrieg der Menschheit. — Laßt uns die Franzosen preisen! sie sorgten für die zwei größten Bedürfnisse der menschlichen Gesellschaft, für gutes Essen und bürgerliche Gleichheit, in der Kochkunst und in der Freiheit haben sie die größten Fortschritte gemacht, und wenn wir einst alle als gleiche Gäste das große Versöhnungsmahl halten und guter Dinge sind — denn was gäbe es besseres als eine Gesellschaft von Paris an einem gut besetzten Tische? — dann wollen wir den Franzosen den ersten Toast darbringen. Es wird freilich noch einige Zeit dauern, bis dieses Fest gefeiert werden kann, bis die Emanzipation

durchgeſetzt ſein wird; aber ſie wird doch endlich kommen, dieſe
Zeit, wir werden, verſöhnt und allgleich, um denſelben Tiſch ſitzen;
wir ſind dann vereinigt, und kämpfen vereinigt gegen andere
Weltübel, vielleicht am Ende gar gegen den Tod— deſſen ernſtes
Gleichheitsſyſtem uns wenigſtens nicht ſo ſehr beleidigt wie die
lachende Ungleichheitslehre des Ariſtokratismus.

H. HEINE

XXXII

Der Maler ſetzte ſich in ein abgelegenes Eckchen am großen
See, um dort eine der ſchönſten Baumgruppen des Parks zu
zeichnen. Er labte ſich an den hoch emporgrünenden Gewölben
des gegenüberliegenden Waldes und der reinen Spiegelfläche des
Sees zu ſeinen Füßen. Von der Seite her ſpiegelte ſich zwiſchen
ſchwarzem Geſtein ein ſanftgeſchlängelter heiterer Bach aus dem
Walde in die breite Flut hinab, welcher aus jenen Finſterniſſen
noch eine neue Labung mitzubringen ſchien, indem er ſüßtönend
in die Tiefe rann und dort leiſe wallende Ringe bildete, welche
dem Baumſchatten im tiefen Spiegel ein ſaftiges feuchtes Leben
mitteilten und die Empfindung einer kühlen Einſamkeit vollen=
deten. Die ſanften Waſſerkreiſe zogen ſo langſam, daß man
zwiſchen ihnen zuweilen die Singvögel auf den Zweigen der
Tiefe erblickte. Denn die ſelteneren Waldvögel liebten dieſe
friſche Einöde; da wohnten die geſprenkelte Droſſel, das Rot=
kehlchen und die gelbſchnäblige Amſel mit der Nachtigall in ver=
traulicher Nähe beiſammen; Alles kam hierher, um über dem
lieblichen Gemurmel zu ſingen und aus dem kühlenden Waldbache
zu nippen; ſelbſt der liebe Vogel der Kinder, der ſcheue Kukuck,
ließ einmal ſein ſeltenes Gefieder ſehen; er ſchwang ſich aus dem
hohen Dickicht zur dunklen Waldwieſe herab, pickte heimlich nach
dem Gewürm und erfriſchte ſeine Schwingen in dem hier ewig
perlenden Tau. Deſto heller war's vorn, neben dem Künſtler,

auf der zarten Wiese. Da prangte über dunklem Gras der
Schmelz von tausend Blumen; gelbfarbig floß der Sonnenschein
hernieder; Schmetterlinge, summende Bienen und Käfer trieben
sich spielend um all' die Honigkelche herum, und freundliches
Leben durchhüpfte die Au' in zahllosen Pulsen.

E. WAGNER

XXXIII

Daß alles Glück nur negativer, nicht positiver Natur ist, daß
es eben deshalb nicht dauernde Befriedigung und Beglückung
sein kann, sondern immer nur von einem Schmerz oder Mangel
erlöst, auf welchen entweder ein neuer Schmerz, oder auch languor,
leeres Sehnen und Langeweile folgen muß; dies findet einen
Beleg auch in jenem treuen Spiegel des Wesens der Welt und
des Lebens, in der Kunst, besonders in der Poesie. Jede epische,
oder dramatische Dichtung nämlich kann immer nur ein Ringen,
Streben und Kämpfen um Glück, nie aber das bleibende und
vollendete Glück selbst darstellen. Sie führt ihren Helden durch
tausend Schwierigkeiten und Gefahren bis zum Ziel: sobald es
erreicht ist, läßt sie schnell den Vorhang fallen. Denn es bliebe
ihr jetzt nichts übrig, als zu zeigen, daß das glänzende Ziel, in
welchem der Held das Glück zu finden wähnte, auch ihn nur
genec't hatte, und er nach dessen Erscheinung nicht besser daran
war, als zuvor. Weil ein echtes, bleibendes Glück nicht möglich
ist, kann es kein Gegenstand der Kunst sein. Zwar ist der Zweck
des Idylls wohl eigentlich die Schilderung eines solchen: allein
man sieht auch, daß das Idyll als solches sich nicht halten kann.
Immer wird es dem Dichter unter den Händen entweder episch,
und ist dann nur ein sehr unbedeutendes Epos, aus kleinen
Leiden, kleinen Freuden und kleinen Bestrebungen zusammen-
gesetzt: dies ist der häufigste Fall; oder aber es wird zur bloß
beschreibenden Poesie, schildert die Schönheit der Natur, d.h.

eigentlich das reine willensfreie Erkennen, welches freilich auch
in der Tat das einzige reine Glück ist, dem weder Leiden noch
Bedürfniß vorhergeht, noch auch Reue, Leiden, Leere, Überdruß
notwendig folgt: nur kann dieses Glück nicht das ganze Leben
füllen, sondern bloß Augenblicke desselben.

ARTHUR SCHOPENHAUER (1788–1860)

XXXIV

Deutschland zerriß auf diesem Reichstage zu Augsburg in zwei
Religionen und in zwei politische Parteien; jetzt erst zerriß es,
weil die Trennung jetzt erst gesetzlich war. Bis hierher waren
die Protestanten als Rebellen angesehen worden; jetzt beschloß
man, sie als Brüder zu behandeln, nicht als ob man sie dafür
anerkannt hätte, sondern weil man dazu genötigt war. Die
Augsburgische Konfession durfte sich von jetzt an neben den
katholischen Glauben stellen, doch nur als eine geduldete Nach-
barin mit einstweiligen schwesterlichen Rechten. Jedem weltlichen
Reichsstande ward das Recht zugestanden, die Religion, zu der er
sich bekannte, auf seinem Grund und Boden zur herrschenden und
einzigen zu machen und die entgegengesetzte der freien Ausübung
zu berauben, jedem Untertan vergönnt, das Land zu verlassen, wo
seine Religion unterdrückt war. Jetzt zum erstenmal erfreute sich
also die Lehre Luthers einer positiven Sanktion, und wenn sie
auch in Bayern oder in Oesterreich im Staube lag, so könnte sie
sich damit trösten, daß sie in Sachsen und in Thüringen thronte.
Den Regenten war es aber nun doch allein überlassen, welche
Religion in ihren Landen gelten und welche darniederliegen sollte;
für den Untertan, der auf dem Reichstage keinen Repräsentanten
hatte, war in diesem Frieden gar wenig gesorgt. Bloß allein in
geistlichen Ländern, in welchen die katholische Religion unwider-
ruflich die herrschende blieb, wurde den protestantischen Untertanen

(welche es damals schon waren) die freie Religionsübung ausge=
wirkt; aber auch diese nur durch eine persönliche Versicherung
des römischen Königs Ferdinand, der diesen Frieden zu stande
brachte — eine Versicherung, die, von dem katholischen Reichsteile
widersprochen und mit diesem Widerspruch in das Friedens=
instrument eingetragen, keine Gesetzkraft erhielt.

J. F. SCHILLER (1759–1805)

XXXV

Das allgemeine vorzügliche Kennzeichen der griechischen
Meisterstücke ist endlich eine edle Einfalt, und eine stille Größe,
so wohl in der Stellung als im Ausdruck. So wie die Tiefe des
Meeres allezeit ruhig bleibt, die Oberfläche mag noch so wüten,
eben so zeigt der Ausdruck in den Figuren der Griechen bei allen
Leidenschaften eine große und gesetzte Seele.

Diese Seele schildert sich in dem Gesicht des Laokoons, und
nicht in dem Gesicht allein, bei dem heftigsten Leiden. Der
Schmerz, welcher sich in allen Muskeln und Sehnen des Körpers
entdeckt, und den man ganz allein, ohne das Gesicht und andere
Teile zu betrachten, an dem schmerzlich eingezogenen Unterleib
beinahe selbst zu empfinden glaubt; dieser Schmerz, sage ich,
äußert sich dennoch mit keiner Wuth in dem Gesichte und in der
ganzen Stellung. Er erhebt kein schreckliches Geschrei, wie Virgil
von seinem Laokoon singet: die Oeffnung des Mundes gestattet
es nicht; es ist vielmehr ein ängstliches und beklemmtes Seufzen.
Der Schmerz des Körpers und die Größe der Seele sind durch
den ganzen Bau der Figur mit gleicher Stärke ausgeteilt, und
gleichsam abgewogen. Laokoon leidet, aber er leidet wie des
Sophocles Philoctetes: sein Elend geht uns bis an die Seele;
aber wir wünschten, wie dieser große Mann, das Elend ertragen
zu können.

Der Ausdruck einer so großen Seele geht weit über die Bildung der schönen Natur: der Künstler mußte die Stärke des Geistes in sich selbst fühlen, welche er seinem Marmor einprägte. Griechenland hatte Künstler und Weltweisen in einer Person, und mehr als einen Metrobor. Die Weisheit reichte der Kunst die Hand, und blies den Figuren derselben mehr als gemeine Seelen ein.

Unter einem Gewande, welches der Künstler dem Laokoon als einem Priester hätte geben sollen, würde uns sein Schmerz nur halb so sinnlich gewesen sein.

J. J. WINCKELMANN (1717–1768)

XXXVI

Schaut sie an, diese alten Sünder! Sämtlich stehen sie nicht im Geruche besonderer Heiligkeit! Spärlich sieht man einen von ihnen in der Kirche! Auf geistliche Dinge sind sie nicht wohl zu sprechen! aber ich kann Euch, liebe Eidgenossen! hier unter freiem Himmel etwas Seltsames anvertrauen: so oft das Vaterland in Gefahr ist, fangen sie ganz sachte an, an Gott zu glauben; erst jeder leis für sich, dann immer lauter, bis sich einer dem andern verrät und sie dann zusammen eine wunderliche Theologie treiben, deren erster und einziger Hauptsatz lautet: Hilf dir selbst, so hilft dir Gott! Auch an Freudentagen, wie der heutige, wo viel Volk beisammen ist und es lacht ein recht blauer Himmel darüber, verfallen sie wiederum in diese theologischen Gedanken und sie bilden sich dann ein, der liebe Gott habe das Schweizerpanier herausgehängt am hohen Himmel und das schöne Wetter extra für uns gemacht! In beiden Fällen, in der Stunde der Gefahr und in der Stunde der Freude sind sie dann plötzlich zufrieden mit den Anfangsworten unserer Bundesverfassung:

Im Namen Gottes des Allmächtigen! und eine so sanftmütige
Duldsamkeit beseelt sie dann, so widerhaarig sie sonst sind, daß
sie nicht einmal fragen, ob der katholische oder der reformierte
Herr der Heerscharen gemeint sei!

Kurz, ein Kind, welchem man eine kleine Arche Noe geschenkt
hat, angefüllt mit bunten Tierchen, Männlein und Weiblein,
kann nicht vergnügter darüber sein, als sie über das liebe Vater-
ländchen sind mit den tausend guten Dingen darin vom bemoosten
alten Hecht auf dem Grunde seiner Seen bis zum wilden Vogel,
der um seine Eisfirnen flattert. Ei! was wimmelt da für ver-
schiedenes Volk im engen Raume, mannigfaltig in seiner Han-
tierung, in Sitten und Gebräuchen, in Tracht und Aussprache!
Welche Schlauköpfe und welche Mondkälber laufen da nicht
herum, welches Edelgewächs und welch' Unkraut blüht da lustig
durcheinander, und alles ist gut und herrlich und ans Herz ge-
wachsen; denn es ist im Vaterland!

GOTTFRIED KELLER

XXXVII

Es war daheim auf unserm Meeresdeich;
Ich ließ den Blick am Horizonte gleiten,
Zu mir herüber scholl verheißungsreich
Mit vollem Klang das Osterglockenläuten.

Wie brennend Silber funkelte das Meer,
Die Inseln schwammen auf dem hohen Spiegel,
Die Möwen schossen blendend hin und her,
Eintauchend in die Flut die weißen Flügel.

Im tiefen Kooge bis zum Deichesrand
War sammetgrün die Wiese aufgegangen;
Der Frühling zog prophetisch über Land,
Die Lerchen jauchzten, und die Knospen sprangen. —

Entfesselt ist die urgewalt'ge Kraft,
Die Erde quillt, die jungen Säfte tropfen,
Und alles treibt und alles webt und schafft,
Des Lebens vollste Pulse hör' ich klopfen.

Der Flut entstiegt der frische Meeresduft,
Vom Himmel strömt die goldne Sonnenfülle;
Der Frühlingswind geht klingend durch die Luft,
Und sprengt im Flug des Schlummers letzte Hülle.

O wehe fort, bis jede Knospe bricht,
Daß endlich uns ein ganzer Sommer werde;
Entfalte dich, du gottgebornes Licht,
Und wanke nicht, du feste Heimaterde!—

Hier stand ich oft, wenn in Novembernacht
Aufgor das Meer zu gischtbestäubten Hügeln,
Wenn in den Lüften war der Sturm erwacht,
Die Deiche peitschend mit den Geierflügeln.

Und jauchzend ließ ich an der festen Wehr
Den Wellenschlag die grimmen Zähne reiben;
Denn machtlos, zischend schoß zurück das Meer —
Das Land ist unser, unser soll es bleiben.

THEODOR STORM

XXXVIII

Dichte Waldbestände der eintönigen Fichte und Föhre führen stundenlang vorerst aus dem Moldautale empor; dann folgt, dem Seebache sacht entgegendsteigend, offenes Land — aber es ist eine wilde Lagerung zerrissener Gründe, aus nichts bestehend als tief schwarzer Erde, dem dunklen Totenbette tausendjähriger Vegetation, worauf viele einzelne Granitkugeln liegen, wie bleiche Schädel von ihrer Unterlage sich abhebend, da sie von Regen bloßgelegt, gewaschen und rund gerieben sind. Ferner liegt noch da und dort das weiße Gerippe eines gestürzten Baumes und angeschwemmte Klöße. Der Seebach führt braunes Eisenwasser, aber so klar, daß im Sonnenschein der weiße Grundsand glitzert, wie lauter rötlich heraufflimmernde Goldkörner. Keine Spur von Menschenhand, jungfräuliches Schweigen.

Ein dichter Anflug junger Fichten nimmt uns nach einer Stunde Wanderung auf, und von dem schwarzen Sammet seines Grundes herausgetreten, steht man an der noch schwärzern Seefläche.

Ein Gefühl der tiefsten Einsamkeit überkam mich jedesmal unbesieglich, so oft und gern ich zu dem märchenhaften See hinaufstieg. Ein gespanntes Tuch ohne eine einzige Falte, liegt er weich zwischen dem harten Geklippe, gesäumt von einem dichten Fichtenbande, dunkel und ernst, daraus manch einzelner Urstamm den ästelosen Schaft emporstreckt, wie eine einzelne altertümliche Säule. Gegenüber diesem Waldbande steigt ein Felsentheater lotrecht auf, wie eine graue Mauer, nach jeder Richtung denselben Ernst der Farbe breitend, nur geschnitten durch zarte Streifen grünen Mooses, und sparsam bewachsen von Schwarzföhren, die aber von solcher Höhe so klein herabsehen wie Rosmarinkräutlein. Auch brechen sie häufig aus Mangel des Grundes los und stürzen in den See hinab, daher man, über ihn hinschauend, der jenseitigen Wand entlang in gräßlicher Verwirrung die alten ausgebleichten Stämme liegen sieht, in traurigem, weiß leuchtendem Verhack die dunkeln Wasser säumend. Rechts treibt die Seewand einen mächtigen Granitgiebel empor, Blockenstein geheißen; links schweift sie sich in ein sanftes Dach herum, von hohem Tannenwald bestanden und mit einem grünen Tuche des finstern Mooses überhüllt.

ADALBERT STIFTER (1805–1868)

XXXIX

Euer Verlangen, antwortete jener, soll mir als Befehl gelten, und als dramatischer Dichter müßt Ihr ja auch die Meinung, die von der Eurigen ganz verschieden ist, besser brauchen können, als die gewöhnlichen Menschen. Erst wolltet Ihr jenen Grundtrieb unserer Natur, den Sinnenreiz, unbedingt als die höchste Aufgabe der Poesie gelten lassen, ihn, den alle Menschen mit einander, ja sogar mit den Tieren teilen. In dieser Befangenheit glaubtet Ihr die höchste Freiheit zu finden; dagegen verwerft Ihr, als ein fesselndes, das Gefühl des Patriotismus und wollt als Dichter kein Vaterland und keine Zeit anerkennen. Und dennoch könnt Ihr den Elementen, die Euch ernährt, den Umgebungen, die Euch erzogen haben, nicht entfliehen. Wenn der Mensch kein Mannesalter finden wird, der keine Kindheit gehabt hat, worauf soll denn die Welt, die der Dichter uns gibt, feststehen, wenn er selbst den notwendigsten Stützpunkt, der ihn tragen muß, wegwirft? Die Vaterlandsliebe ist ja ein gebildetes, erzogenes Naturgefühl, ein zum edelsten Bewußtsein ausgearbeiteter Instinkt. Wie sie nur da möglich wird, wo ein wahrer Staat ist, ein edler Fürst regiert, und jene Freiheit gedeihen kann, die dem Menschen unentbehrlich ist, so bemächtigt sie sich auch in diesen echten Staaten der edelsten Gemüter und gibt ihnen die höchste Begeisterung, diese unsterbliche Liebe zum Boden, zur überlieferten Verfassung, zu alten Sitten, frohen Festen und wunderlichen Legenden. Wenn sie sich nun mit der innigsten Verehrung zum Herrscher verbindet, so wie es uns Engländern vergönnt ist, unserer erhabenen Königin zu huldigen, so erwächst aus diesen mannigfaltigen Kräften und Gefühlen ein solcher Wunderbaum von Leben und Herrlichkeit, daß ich mir kein Interesse, keine erfundene Dichtung, keine Liebe und Leidenschaft denken kann, die mit dieser höchsten Begeisterung in den Kampf treten dürften.

LUDWIG TIECK (1773–1853)

XL

Nun hat es Aristoteles längst entschieden, wie weit sich der tragische Dichter um die historische Wahrheit zu bekümmern habe; nicht weiter, als sie einer wohleingerichteten Fabel ähnlich ist, mit der er seine Absichten verbinden kann. Er braucht eine Geschichte nicht darum, weil sie geschehen ist, daß er sie schwerlich zu seinem gegenwärtigen Zwecke besser erdichten könnte. Findet er diese Schicklichkeit von ohngefähr an einem wahren Falle, so ist ihm der wahre Fall willkommen; aber die Geschichtbücher erst lange darum nachzuschlagen, lohnt der Mühe nicht. Und wie viele wissen denn, was geschehen ist? Wenn wir die Möglichkeit, daß etwas geschehen kann, nur daher abnehmen wollen, weil es geschehen ist: was hindert uns, eine gänzlich erdichtete Fabel für eine wirklich geschehene Historie zu halten, von der wir nie etwas gehört haben? Was ist das erste, was uns eine Historie glaubwürdig macht? Ist es nicht ihre innere Wahrscheinlichkeit? Und ist es nicht einerlei, ob diese Wahrscheinlichkeit von gar keinen Zeugnissen und Überlieferungen bestätigt wird, oder von solchen, die zu unserer Wissenschaft noch nie gelangt sind? Es wird ohne Grund angenommen, daß es eine Bestimmung des Theaters mit sei, das Andenken großer Männer zu erhalten; dafür ist die Geschichte, aber nicht das Theater. Auf dem Theater sollen wir nicht lernen, was dieser oder jener einzelne Mensch getan hat, sondern was ein jeder Mensch von einem gewissen Charakter unter gewissen gegebenen Umständen tun werde. Die Absicht der Tragödie ist weit philosophischer, als die Absicht der Geschichte; und es heißt sie von ihrer wahren Würde herabsetzen, wenn man sie zu einem bloßen Panegyrikus berühmter Männer macht, oder sie gar den Nationalstolz zu nähren mißbraucht.

G. E. LESSING (1729–1781)

XLI

Die erste und wichtigste Ursache aller Umwandlungen und Veränderungen, welche die organischen Atome erleiden, ist, wie in dem hervorgehenden Briefe erwähnt, die chemische Action des Sauerstoffs; Gährung und Fäulniß stellen sich erst in Folge eines beginnenden Verwesungsprocesses ein; ihre Vollendung ist die Herstellung eines Gleichgewichtszustandes; indem sich der Sauerstoff mit einem der Elemente des organischen Körpers verbindet, wird der ursprüngliche Zustand des Gleichgewichts der Anziehung aller Elemente aufgehoben, er zerfällt und spaltet sich in Folge der Ausgleichung aller Anziehungen in eine Reihe von neuen Producten, welche, wenn nicht neue Störungen, neue Ursachen der Veränderung auf sie einwirken, keinem weiteren Wechsel in ihren Eigenschaften mehr unterliegen.

Allein wenn auch die chemische Action, welche die Elemente der organischen Atome in der Gährung und Fäulniß auf einander auszuüben vermögen, in der Art sich völlig ausgleicht, daß zwischen den Anziehungen der neugebildeten Producte ein Ruhezustand sich einstellt, so findet ein solches Gleichgewicht in Beziehung auf ihre Anziehung zum Sauerstoff in keiner Weise statt. Die chemische Action des Sauerstoffs hört erst dann auf, wenn die Fähigkeit ihrer Elemente, sich mit Sauerstoff zu verbinden, erschöpft ist. Die chemische Action des Sauerstoffs ist ja nichts anders als das Streben nach Verbindung; eine Ausgleichung dieses Strebens kann, wie sich von selbst versteht, erst dann eintreten, wenn durch die Wirkung des Sauerstoffs Producte gebildet werden, denen das Vermögen, noch mehr Sauerstoff in sich aufzunehmen, völlig abgeht; erst dann befinden sich ihre eigenen Anziehungen mit denen des Sauerstoffs im Gleichgewicht.

JUSTUS VON LIEBIG (1803–1873)

XLII

Donau und Rhein sind als Alpenflüsse und durch ihre zu Verflechtungen führende Annäherung im Bodenseegebiet natürliche Verwandte. Zu geschichtlich und politisch Verwandten hat sie die gemeinsame Geschichte von der Römerzeit her gemacht....Am Rhein und an der Donau fanden die aus Süden und Westen kommenden Römer die deutschen Stämme, an diesen Schranken hielten sie sich auf, an sie lehnten sich ihre Kastelle, ihre befestigten Lager und, als Friede und friedlicher Verkehr erschien, die Römerstädte, die die ältesten Städte auf deutschem Boden sind. Viele von ihnen bezeugen in ihrer bis heute fortdauernden Blüte die Gunst ihrer Lage und die Einsicht bei ihrer Anlage. Basel und Straßburg, Speier und Worms, Mainz und Köln, Augsburg, Regensburg, Passau, Wels, Wien sind römische Pflanzstädte. Von der Donau zum Rheine zog der Wall, der das Römerreich gegen die blonden Barbaren schützen sollte. So trugen Rhein und Donau die im Mittelmeer geborne, von Ägypten nach Griechenland, von dort nach Rom getragene Kultur nach Osten und Westen, indem sie zugleich das Reich schützend umschlangen, das der Träger dieser Kultur war. Und in der Geschichte des Christentums auf deutschem Boden, wie treten da Trier, die Stadt der Märtyrer, und Köln, die Stadt der Heiligen, ein! Freising und Passau und später auch Salzburg haben nach Osten gewirkt. Bis nach Ungarn hinein erstreckten sich diese Bistümer, so wie der Einfluß von Mainz einst bis nach Böhmen reichte. An der Donau hinab ging die bayrische Kolonisation bis zur Abria, und bis an den Bug, bis ans Eiserne Tor. Das große Österreich ist aus dem kleinen Bayern entstanden, indem die bayrischen Kolonien, auf Staat oder Kirche gestützt, an der Donau abwärts und an den Donauzuflüssen in die Alpen und Karpaten hinein gewandert sind.

FRIEDRICH RATZEL

XLIII

Auf märkischer Scholle, im Herzen Preußens geboren, ist Otto von Bismarck in den Mauern der Stadt Berlin aufgewachsen. Den Garten der Plamannschen Erziehungsanstalt, einst dort am unteren Ende der Wilhelmstraße gelegen, hat er nachmals die Geburtstätte seiner Luftschlösser genannt. Hinter dem Bretterzaun dieses Gartens zeigte dem Knaben die Phantasie die ganze bunte Erde mit ihren Wäldern und Burgen und allen den Erlebnissen, die seiner warteten, die ganze weite Welt, die dieser Knabe bereinst umgestalten sollte, als er nach einem Menschenalter in die Wilhelmstraße zurückkehrte und die große Epoche der deutschen Geschichte begann. Nachdem er unter und mit Kaiser Wilhelm dem Großen in gewaltiger Energie das Reich aufgerichtet hatte, sicherte er diesem und der Welt in ebenso seltener Mäßigung und Selbstbeschränkung den Frieden. Er hat, um mit Fichte zu reden, das deutsche Volk aus dem Gröbsten herausgehauen. Er hat, um mit seinen eigenen Worten zu reden, das deutsche Volk in den Sattel gehoben, was vor ihm keinem geglückt war. Er hat ausgeführt und vollendet, was seit Jahrhunderten das Sehnen unseres Volkes und das Streben unserer edelsten Geister gewesen war, was die Ottonen und Salier und Hohenstauffen vergeblich angestrebt hatten, was 1813 den Kämpfenden als damals nicht erreichter Siegespreis vorschwebte, wofür eine lange Reihe Märtyrer der deutschen Idee gekämpft und gelitten haben. Und er ist gleichzeitig der Ausgangspunkt und Bahnbrecher einer neuen Zeit für das deutsche Volk geworden. In jeder Hinsicht stehen wir auf seinen Schultern.

Fürst Bülow (1849–   )

XLIV

Die Frage der deutschen Einheit war in den letzten beiden Jahrzehnten unter Friedrich Wilhelm III nur in Gestalt der burschenschaftlichen Strebungen und deren strafrechtlicher Repression in die äußere Erscheinung getreten. Friedrich Wilhelms IV deutsches oder, wie er schrieb „teutsches" Nationalgefühl war gemütlich lebhafter wie das seines Vaters, aber durch mittelalterliche Verbrämung und durch Abneigung gegen klare und feste Entschlüsse in der praktischen Betätigung gehemmt. Daher versäumte er die Gelegenheit, die im März 1848 günstig war; und es sollte das nicht die einzige versäumte bleiben. In den Tagen zwischen den süddeutschen Revolutionen, einschließlich der Wiener, und dem 18 März, so lange es vor Augen lag, daß von allen deutschen Staaten, Oesterreich inbegriffen, Preußen der einzige feststehende gebliebene war, waren die deutschen Fürsten bereit, nach Berlin zu kommen und Schutz zu suchen unter Bedingungen, die in unitarischer Richtung über das hinausgingen, was heute verwirklicht ist; auch das bairische Selbstbewußtsein war erschüttert. Wenn es zu dem, nach einer Erklärung der preußischen und der östreichischen Regierung vom 10 März auf den 20 März nach Dresden berufenen Fürstencongreß gekommen wäre, so wäre nach der Stimmung der beteiligten Höfe eine Opferwilligkeit auf dem Altar des Vaterlandes wie die französische vom 4 August 1789 zu erwarten gewesen. Diese Auffassung entsprach den thatsächlichen Verhältnissen; das militärische Preußen war stark und intact genug, um die revolutionäre Welle zum Stehn zu bringen und den übrigen deutschen Staaten für Gesetz und Ordnung in Zukunft Garantien zu bieten, welche den andern Dynastien damals annehmbar erschienen.

Der 18 März war ein Beispiel, wie schädlich das Eingreifen

roher Kräfte auch den Zwecken werden kann, die dadurch erreicht werden sollen. Indessen war am 19ten Morgens noch nichts verloren. Der Aufstand war niedergeschlagen.

FÜRST BISMARCK (1815–1898)

XLV

Bedrohliche Symptome der Unzufriedenheit zeigten sich bereits Ende des Winters 1843. Besonders war es im Handlungshaus in Peterswaldau, welches trotz seines wachsenden Reichtums sich durch Herabsetzung des Arbeitslohns und schlechte Behandlung der Arbeiter hervortrat. Einer der Fabrikunternehmer soll geäußert haben: „Man werde es noch dahin bringen, daß die Arbeiter das Stück um einen Quarkkäse weben müßten." Ein Pamphlet: „Das Blutgericht in Peterswaldau im Jahre 1844" war die unmittelbare Veranlassung zum Ausbruche des Aufstandes. Dies Gedicht schilderte alle Klagen der Weber in ergreifenden Bildern und malte den Reichtum und die Üppigkeit des erwähnten Handlungshauses aus; von Haus zu Haus wanderte es und regte die Gemüter auf. Man heftete es an das Etablissement und sang es vor den Fenstern der Herren ab. Bei dieser Gelegenheit, am 4. Juni, wurde einer der Sänger ergriffen und ins Gefängnis geführt. Die andern verlangten dessen Auslieferung und stürmten, da ihrem Verlangen nicht entsprochen werden konnte, das Fabrik=gebäude. In einem Nu waren die Massen eingedrungen, und es begann nun das Werk der Zerstörung und der Rache. Gleiche Behandlung erlitten noch einige andere Etablissements. Einige wollten die Gebäude durch Feuer zerstören, wurden jedoch von den übrigen daran verhindert, indem diese einwandten, sie wollten ja die Fabrikherren arm machen, während diese infolge des Brandes aus den Feuerkassen Entschädigungsgelder erhalten würden. Von Peterswaldau zogen sie nach dem eine Stunde weit entfernten

Langenbielau, wo sich dieselben Szenen erneuerten. Unterdessen
war Militär von Schweidnitz herbeigeeilt, um die Ruhe wieder-
herzustellen. Dies gelang indessen erst, nachdem dasselbe von der
Schußwaffe Gebrauch gemacht, wobei es viele Tote und Ver-
wundete gab.

BROCKHAUS

XLVI

Für Schein? Für Schein? So kennst du diese Kunst,
— Wenn's eine Kunst — daß du so hart sie schmähst?
Glaubst du, es gäb' ein Sandkorn in der Welt,
Das nicht gebunden an die ew'ge Kette
Von Wirksamkeit, von Einfluß und Erfolg?
Und jene Lichter wären Pfennigkerzen,
Zu leuchten trunknen Bettlern in der Nacht?

      Ich glaub' an Gott und nicht an jene Sterne,
Doch jene Sterne auch, sie sind von Gott.
Die ersten Werke seiner Hand, in denen
Er seiner Schöpfung Abriß niederlegte,
Da sie und er nur in der wüsten Welt.
Und hätt' es später nicht dem Herrn gefallen,
Den Menschen hinzusetzen, das Geschöpf,
Es wären keine Zeugen seines Waltens,
Als jene hellen Boten in der Nacht.
Der Mensch fiel ab von ihm, sie aber nicht.
Wie eine Lämmerherde ihrem Hirten,
So folgen sie gelehrig seinem Ruf
So heut als morgen, wie am ersten Tag.
Drum ist in Sternen Wahrheit, im Gestein,
In Pflanze, Tier und Baum, im Menschen nicht.
Und wer's verstünde, still zu sein wie sie,
Gelehrig fromm, den eignen Willen meisternd,

Ein aufgespanntes, demutvolles Ohr,
Ihm würde leicht ein Wort der Wahrheit kund,
Die durch die Welten geht aus Gottes Munde.
Fragst aber du: ob sie mir selber kund,
Die hohe Wahrheit aus der Wesen Munde?
So sag' ich: nein, und aber wieder: nein.
Ich bin ein schwacher unbegabter Mann,
Der Dinge tiefster Kern ist mir verschlossen.
Doch ward mir Fleiß und noch ein andres: Ehrfurcht
Für das, daß andre mächtig und ich nicht.

Wenn aber, ob nur Schüler, Meister nicht,
Ich gerne weile in den lichten Räumen;
Kennst du das Wörtlein: Ordnung, junger Mann?
Dort oben wohnt die Ordnung, dort ihr Haus,
Hier unten eitle Willkür und Verwirrung.

FRANZ GRILLPARZER (1791–1872)

XLVII

Die deutsche Muttersprache ist für jeden denkenden Menschen,
der sie besitzt, ein Schatz, dessen Wert über das bloße Gefühl
hinausgeht....Andere Sprachen, besonders die romanischen, zeich=
nen sich durch feine und schmiegsame Eleganz ihrer wohltönenden
Redewendungen aus. Es ist in diesen Sprachen leicht, etwas
sehr Hübschklingendes zu sagen, das eigentlich nichts ist. Auf
Deutsch geht das schwer. Ich meine damit nicht, daß ich es
bewundernswert finde, wenn man sagt: „Hier wird Deutsch
gesprochen!" um damit anzukündigen, daß man recht grob sein
wird. Ich meine vielmehr, daß, wenn man auf Deutsch etwas
Dummes sagt, es durchweg auch ehrlich dumm klingt. Und sagt
man auf Deutsch etwas Gescheites oder Elegantes, so kann man
es nur schwer gescheiter oder eleganter klingen machen, als es

wirklich ift. Mit anderen Worten, die deutfche Mutterfprache ift
nicht die Sprache gleißnerifcher Zierlichkeit. Aber dafür befitzt
fie um fo mehr alle Orgelregifter der Kraft, der Hoheit, des
begeifterten Schwunges, der Leidenfchaft, des innigen Gefühls.
Was in irgend einer anderen Literatur übertrifft die Ausdrucks-
wucht der deutfchen Bibel, die erhabene Volltönigkeit des Schiller-
fchen Dramas, oder die bezaubernde Wortmufik der Lieder Heines?

Es wäre überflüffig, hier von der alle Gebiete der menfchlichen
Geiftestätigkeit umfaffenden Literatur zu reden, die in der deutfchen
Sprache aufgewachfen ift und deren überragende Größe die ganze
civilifierte Menfchheit anerkannt. Denn es ift nicht die deutfche
Literatur allein, die uns die Mutterfprache bietet.

Es gibt keine Sprache der Welt, deren Eigentümlichkeiten
fchwerer in einer anderen Sprache wiederzugeben find, wie die
deutfche; und keine, in die andere Sprachen mit all ihren Rede-
weifen und Vermaßen mit folcher Treue übertragen werden
können, und fo reichlich übertragen worden find.

Carl Schurz

XLVIII

Das Erfte und Vorzüglichfte in der Mufik, welches mit wun-
derbarer Zauberkraft das menfchliche Gemüt ergreift, ift die
Melodie. Nicht genug zu fagen ift es, daß ohne ausdrucksvolle,
fingbare Melodie jeder Schmuck der Inftrumente nur ein glän-
zender Putz ift, der, keinen lebenden Körper zierend, wie in
Shakefpeares Sturm, an der Schnur hängt, und nach dem der
dumme Pöbel läuft. Singbar ift, im höhern Sinn genommen,
ein herrliches Prädikat, um die wahre Melodie zu bezeichnen.
Diefe foll Gefang fein, frei und ungezwungen, unmittelbar aus
der Bruft des Menfchen ftrömen, der felbft das Inftrument ift,
welches in den wunderbarften, geheimnißvollften Lauten der
Natur ertönt. Die Melodie, die auf diefe Weife nicht fingbar ift,

kann nur eine Reihe einzelner Töne bleiben, die vergebens danach streben, Musik zu werden. Es ist unglaublich, wie in neuerer Zeit, vorzüglich auf die Anregung eines mißverstandenen Meisters, eben die Melodie vernachläßigt worden, und aus dem Abquälen, immer originell und frappant zu sein, das gänzlich Unsingbare mehrerer Tongedichte entstanden ist. Wie kommt es denn, daß die einfachsten Gesänge der alten Italiener das Gemüt so unwiderstehlich rühren und erheben? Liegt es nicht lediglich in dem herrlichen, wahrhaft singenden Gesange? Überhaupt ist der Gesang ein wohl unbestrittenes einheimisches Eigentum jenes in Musik erglühten Volks, und der Deutsche mag, ist er auch zur höhern, oder vielmehr zur wahren Ansicht der Oper gelangt, doch auf jede ihm nur mögliche Weise sich mit jenen Geistern befreunden, damit sie es nicht verschmähen, wie mit geheimer, magischer Kraft einzugehen in sein Inneres und die Melodie zu entzünden. Ein herrliches Beispiel dieser innigsten Befreundung giebt der hohe Meister der Kunst, Mozart, in dessen Brust der italienische Gesang erglühte. Welcher Komponist schrieb singbarer, als er? Auch ohne den Glanz des Orchesters dringt jede seiner Melodien tief ein in das Innere, und darin liegt ja schon die wunderbare Wirkung seiner Kompositionen.

E. T. A. HOFFMANN (1776–1822)

XLIX

Diese Alten stellten nicht nur ihre Bauten mit Vorliebe auf erhabne Punkte, sie bauten auch selbst hochstrebende Türme und Giebel. „Scharfsinnige" Gassen sind für Städte wie Nürnberg, Hildesheim, Lübeck ebenso bezeichnend wie eine gewisse Flachheit für die jüngern. Kein Stil hat die deutsche Landschaft so beeinflußt wie der gotische. Kinder der Gotik sind nicht nur die hochragenden Türme von Köln, Straßburg, Freiburg, Ulm, Regensburg und die einfachern Türme der großen Backsteinkirchen des Nordens; auch die schlanken spitzen Türme einfacher Dorfkirchen gehören zu dieser Familie. Der herrliche durchbrochne Turm des Straßburger Münsters herrscht königlich über der Landschaft des mittleren Elsasses. Er ist in dem ebnen Tal des Oberrheins sichtbar vom Fuß der Vogesen bis zum Fuß des Schwarzwalds. So beherrscht aber auch jeder Kirchturm seinen Umkreis, in dem er das hervorragendste und idealste Bauwerk ist. Es ist also wichtig, daß er hoch hervorragt. Im ganzen hat Oberdeutschland mehr hochragende spitze Kirchtürme als Niederdeutschland, und vielleicht sind die schlankſten von allen am Rande der Alpen zu finden. Die grüne Farbe der schmalen spitzen Kirchtürme ist einer der freundlichsten Züge in der Voralpenlandschaft. Am Neckar und am Oberrhein herrschen die Kuppen und Zwiebeltürme von oft sehr feinen Kurven vor. Unter den niederdeutschen sind dagegen die Türme der vorpommerschen und rügischen Dorfkirchen massig; Eckkrönungen sind häufig angebracht, um den schweren Eindruck zu mildern. Fast kastellartig sind in Mitteldeutschland die Kirchtürme des Werralandes, während weiter östlich die Mannigfaltigkeit der Kirchturmformen manch einförmiges Bild des Wellenlandes zwischen Harz und Erzgebirge belebt. Der zwischen zwei einander überragenden langen Höhenwellen hervorragende Kirchturm ist immerhin eine edlere Staffage als die Flügel einer Windmühle.

FRIEDRICH RATZEL

L

Es ist gar keine Zukunft für Deutschland möglich ohne Preußen. Hier kommt es also durchaus nicht darauf an, eine Wahl zu treffen, sondern lediglich uns dieses Haus von Anfang an dergestalt zu versichern, daß wir die Gewißheit haben, es widme sich gänzlich dem deutschen Vaterlande, alle seine Kraft und Sorge, nicht bloß als Nebengeschäft. Das ist aber keineswegs so leicht, wie viele unter uns glauben wollen. Nicht wenige und einfluß= reiche und in ihrer Art auch hochverdiente Männer in Preußen sind der Meinung, daß Preußen durchaus nicht wohl tue, seine sichere Größe, seinen festen Bestand an eine unsichere deutsche Zukunft zu geben; viele solche Männer sind der Meinung, Deutschland als Ganzes sei einmal dem politischen Elende geweiht, es sei einmal, wie ein alter Dichter sagt, „unglückselig von Natur," Preußen dürfe das Opfer seines Daseins nicht für eine ungewisse deutsche Zukunft bringen. Diese Männer vergessen dabei freilich etwas Großes, sie vergessen, daß die Grundlage, auf welche der große Kurfürst und Friedrich II bauten, daß diese Grundlage, namentlich die der absoluten Herrschaft, für immer verschwunden ist; sie vergessen, daß damals, als Preußen so tief gesunken war, Deutschland mit ihm sank; sie vergessen, daß damals, als Preußen wieder erstand, Deutschland mit ihm erstand, und daß beide Größen nicht ohne einander wieder erstanden wären. Ich will meine Meinung unbekümmert sagen, wie übel sie auch von verschiedenen Seiten aufgenommen werde. Ihr dämpft das Feuer der Anarchie in Deutschland nicht, Ihr dämpft dieses zerstörende Feuer weder in den kleinen Staaten, noch in den mittleren, noch in den großen endlich und in den größten der rein deutschen Staaten, als nur auf einem Wege, nur auf dem Wege, daß Ihr eine kraftvolle Einheit einsetzet....

F. C. DAHLMANN (1785–1860)

LI

Ein gütiges Geschick hat Deutschland vor dem Schicksal Frank= reichs bewahrt, vor der straffen Zentralisation der geistigen und künstlerischen Interessen in der einen Hauptstadt Paris. Hier ist für Frankreich das eine Zentrum gegeben, zu dem sich alles drängt, was Bedeutung gewinnen und von sich reden machen will. Dieses

Zentrum ist der Lichtquell, der Frankreich erleuchtet; je weiter weg von dieser Zentralsonne, um so dunkler, um so stiller wird es. Deutschland besitzt viele Mittelpunkte geistigen und künstlerischen Lebens, unter denen einige besonders hervorstechen, wie Berlin, Leipzig, München u.a. Gegenüber der geistigen Zentralisation Frankreichs erscheint Deutschland dezentralisiert. Und ein Glück haben wir dies genannt.

Möglich, daß dieser Verschiedenheit tiefere Unterschiede im Volkscharakter zugrunde liegen. Ist doch Frankreich Jahrhunderte früher zu politischer Einheit gelangt als wir, und zwar in einer weit strafferen Form; ist doch nirgends die zentralisierende Tendenz auf allen Gebieten des Staatslebens in so rücksichtsloser Weise durchgedrungen wie auf französischem Boden. Man denke nur an die konsequente Organisation der Université de France Napoleons des Ersten! Dagegen bäumt sich der individualistische Grundzug der germanischen Volksseele auf. Er hat die politische Zusammenfassung des Reichs unendlich erschwert; die besondere Eigenart der deutschen Stämme hat sich nur zu oft in feindseligem Ringen gegeneinander geltend gemacht. Aber die tief wurzelnde Neigung nach individueller Gestaltung und eigenartiger Bildung hat uns andererseits davor bewahrt, zu einer einzigen Masse zusammenzuschmelzen, in der die Besonderheiten der einzelnen Stämme und Staaten unterschiedslos aufgelöst erschienen.

Nicht selten hat das Ausland bitteren Spott über unsere Kleinstaaterei ausgegossen, und auch im Inlande hat es nie an Stimmen gefehlt, die ihren Witz an dieser Erscheinung übten. Und es soll nicht geleugnet werden, daß sie auch reichlich Veranlassung dazu gegeben hat und noch gibt. In engem Kreis verengert sich der Sinn; das Leben kann leicht einen philiströsen, engherzigen und beschränkten Zug annehmen. Die Dürftigkeit der Mittel, die überall Hemmnisse bereitet, wird hier doppelt fühlbar. Man möchte oft wohl, aber man kann nicht, gebunden an die Enge und Kleinheit der Verhältnisse. So ist man geneigt, die Mängel der Kleinstaaterei in scharfem Lichte zu sehen, zumal in Hinblick auf den großen Verwaltungsapparat, der in Bewegung gesetzt wird, und von dem man behauptet, er stehe nicht in rechtem Verhältnis zu den Arbeiten, die zu verrichten sind, und zu dem Erfolg, der aus ihnen hervorgeht.

W. REIN (1847–   )

LII

Erinnert ihr euch jenes Abends, am 13. März, als die Reitergeschwader an das Brandenburgertor sprengten und der Bataillone wuchtiger Geschwindschritt durch die Straßen dröhnte? Eine Versammlung auf freiem Raume, Frühlingsregenschauern ausgesetzt, wollte dort von Dingen sprechen, die vielleicht alles betrafen, nur nicht die Störung der öffentlichen Ruhe und Ordnung. Daß Ludwig Philipp von Frankreich gefallen war, weil sein Minister Guizot nicht leiden mochte, daß sich tausend Menschen an einer Mittagstafel zu politischen Zwischengesprächen versammelten, hatte der, der diese Reisige schickte, vergessen. Er wollte den gekrönten Häuptern der Welt zeigen, wie der Militärstaat mit solchen anmaßenden Bewegungen verführe, wie bei uns ein einziger metallener Druck der Hand solchem Aufschwung den Nacken bräche. Aber der Druck mißlang. Nicht, daß ihr Neigung gehabt hättet, „In den Zelten" dem dort Gesprochenen oder Begehrten euch anzuschließen; ihr wollet euch nur jenes Menschenrecht erhalten, euch ohne Störung der öffentlichen Ordnung, und war's in hunderttausendfacher Anzahl, versammelt zu sehen. Und dies Werk gelang. Hohn und Spott, die Drohung, selbst die Barrikaden, bewiesen, daß jene Regierungszeit, wo man den Zusammentritt von fünf Menschen, die sich über den Staat unterhalten, für ein Verbrechen erklärt, aufgehört hat. Glückliche Zeit, die uns erst fünfzig Jahre später

als andern Völkern anbrach! Wir erkämpften die persönliche
Freiheit, das Menschenrecht der freien Bewegung, der erlaubten
Rührigkeit in unserer Meinung, in unserem Gehen und Stehen.
Dem Bürger gehört die ganze Straße, und nicht bloß der
„Bürgersteig."

KARL GUTZKOW (1811–1878)

LIII

Und hier erwächst nun dem neusprachlichen Unterricht eine
schöne und große Aufgabe: diese wesentliche Zusammengehörigkeit
der europäischen Völker der Jugend zum Bewußtsein zu bringen.
Ein alter Spruch sagt: artem non odit nisi ignarus. Er gilt
auch von den Völkern: ein Volk haßt und verachtet nur, wer es
nicht kennt. In dem Maße, als gegenseitige Erkenntnis zwischen
den Gliedern der europäischen Völkerfamilie wachsen wird, in
demselben Maße wird Verständnis und Achtung wachsen: die
Achtung aber ist die Grundlage der Gerechtigkeit und des Wohl-
wollens. Indem die Schule diesen Boden bereiten hilft, übt
sie einen höchst wohltätigen Einfluß auf die Beziehungen der
Völker. Der politische und ökonomische Verkehr führt leicht zu
Reibungen, die Tagespresse wirkt aufstachelnd, sie scheint es sich
vorzugsweise zur Aufgabe zu machen, Klatsch und Ärgernisse hin
und her zu tragen und dadurch Leidenschaften und Eitelkeit zu
nähren. Indem der neusprachliche Unterricht mit den besten und
tüchtigsten Leistungen der anderen Völker die Bekanntschaft
vermittelt, kann er hiergegen ein heilsames Gegengewicht bilden
und zugleich vor der Verirrung berechtigten und sicheren Selbst-
gefühls des Volks in einen verblendeten und verbohrten Schein-
und Demonstrationspatriotismus bewahren.

Man hat die Lehrer der alten Sprachen als Priester der
Humanität bezeichnet; die Lehrer der modernen Sprachen und
Literaturen dürfen sich nicht minder als solche fühlen, wenn sie

in diesem Sinne ihre Aufgabe fassen und erfüllen. Sie sind
die berufenen Träger des Gedankens von der Einheit der abend=
ländischen Völkerwelt in der Vergangenheit und ihrer Solidarität
in der Zukunft. Zur Vorbereitung für diesen Beruf wäre nun
freilich nicht unwichtig, ja eigentlich notwendig, daß sie selbst
erst die fremden Länder und Völker mit Augen sehen, in deren
geistiggeschichtliches Leben sie ihren Schülern den Einblick ver=
mitteln sollen.

FRIEDRICH PAULSEN

LIV

Auf Gott zielende Bilder und Eindrücke verschaffen uns
kirchliche Anstalten, Glocken, Orgeln und Gesänge, und besonders
die Vorträge unserer Lehrer. Auf sie war ich ganz unsäglich
begierig; keine Witterung, keine körperliche Schwäche hielt mich
ab, die Kirchen zu besuchen, und nur das sonntägige Geläute
konnte mir auf meinem Krankenlager einige Ungeduld verur=
sachen. Unsern Oberhofprediger, der ein trefflicher Mann war,
hörte ich mit großer Neigung; auch seine Collegen waren mir
wert, und ich wußte die goldenen Aepfel des göttlichen Wortes
auch aus irdenen Schalen unter gemeinem Obste heraus zu finden.
Den öffentlichen Uebungen wurden alle möglichen Privater=
bauungen, wie man sie nennt, hinzugefügt, und auch dadurch
nur Phantasie und feinere Sinnlichkeit genährt. Ich war so
an diesen Gang gewöhnt, ich respectirte ihn so sehr, daß mir
auch jetzt nichts Höheres einfiel. Denn meine Seele hat nur
Fühlhörner und keine Augen; sie tastet nur und sieht nicht;
ach! daß sie Augen bekäme und schauen dürfte!

Auch jetzt ging ich voll Verlangen in die Predigten; aber
ach, wie geschah mir! Ich fand das nicht mehr, was ich sonst
gefunden. Diese Prediger stumpften sich die Zähne an den
Schalen ab, indessen ich den Kern genoß. Ich mußte ihrer nun

bald müde werden; aber mich an den allein zu halten, den ich doch zu finden wußte, dazu war ich zu verwöhnt. Bilder wollte ich haben, äußere Eindrücke bedurfte ich, und glaubte ein reines, geistiges Bedürfniß zu fühlen.

J. W. von Goethe

LV

In ganz ähnlicher Weise nimmt die Fähigkeit der Teilchen eines Körpers, ihren Zusammenhang zu behaupten gegen alle Ursachen, die ihn zu vernichten streben, Anteil an dem Spiele der Verwandtschaft. Wir können durch die Hitze den Zucker, das Kochsalz schmelzen, ihre Teile leicht beweglich nach allen Richtungen hin machen, ihren festen Zustand aufheben und vernichten. Dasselbe können wir durch Wasser; in dem Wasser, in welchem Zucker und Kochsalz schmelzen, ist es nicht die Wärme sondern die chemische Verwandtschaft des Wassers, wodurch ihr Streben, zusammenhängend zu bleiben, aufgehoben wird. Ein Stück von einem weißgebrannten Knochen ist unlöslich in Wasser und alkalischen Flüssigkeiten, das Streben seiner Teile, ihren Zustand zu behaupten, oder, wie man in diesem Falle sagt, ihre Cohäsionskraft, ist größer, wie die Verwandtschaft der Flüssigkeit. In einer Menge saurer Flüssigkeiten, z. B. in Essig, tritt das Gegenteil ein, es löst sich darin auf. Es ist mithin einleuchtend, daß, wenn wir die Bestandteile dieses Knochen= stückes (Phosphorsäure und Kalk) in einer sauren Flüssigkeit mit einander zusammenbringen, wir keine Art von Veränderung eintreten sehen, weil beide, gleichgültig in welcher Form, in der sauren Flüssigkeit löslich sind; bringt man sie aber in Wasser oder in einer alkalischen Flüssigkeit zusammen, die der Vereini= gung ihrer Bestandteile zu einem festen Körper kein Hinderniß entgegensetzt, so sehen wir Knochenerde als weißes Pulver zu Boden fallen; es entsteht, wie man sagt, ein Niederschlag.

In dieser Weise benutzt der Chemiker die ungleiche Löslichkeit
der Körper in verschiedenen Flüssigkeiten, ihr Verhalten in der
Wärme, als mächtige Mittel zur Scheidung, zur Analyse. Alle
Mineralien ohne Ausnahme lassen sich durch geeignete Wahl
in Flüssigkeiten auflösen; indem er nun durch Zusatz von andern
Materien die Natur der Flüssigkeit ändert, wechselt damit die
Löslichkeit der Bestandteile des Minerals in dieser Flüssigkeit,
und es gelingt ihm auf diese Weise, einem nach dem andern
daraus zu scheiden.

JUSTUS VON LIEBIG

LVI

Das Leben ist zerbrechliches Geräte,
   mein Freund, sagt der Koran, und sieh, das ist's —
Und dies hab ich erkannt! — Ich mag nicht wohnen
in eines ausgeblasenen Eies Schale. —
Und willst du Rühmens viel von Menschen machen?
wohl gar ihn Ebenbild der Gottheit nennen? —
Ritz ihn mit eines Schneiders Scher'! er blutet.
Stich eines Schusters Pfriem ihm haarestief
hier in den Puls, da oder da, auch dort,
auch hier, auch hier — und unaufhaltsam strömt,
nicht anders, wie das Brünnlein aus dem Rohr:
Dein Stolz, dein Glück, dein abliges Gemüt,
dein göttlich Wähnen, deine Lieb', dein Haß,
dein Reichtum, deiner Taten Lust und Lohn,
kurz alles, was, törichten Irrtums Knecht,
du dein genannt! Sei Kaiser, Sultan, Papst!
            In Grabeslinnen
gewickelt bist du und ein nackter Leib,
heut oder morgen mußt du drin erkalten...
...Ach! Ich vergaß vor lauter Tanz das Gehn —

vor lauter Lobgesängen hatt' ich fast
verlernt zu sprechen, und mein Wandeln war
mit aufgehobenen Händen, voll Vertrauen:
ein Glück und ein Gebet und ehrfurchtsvoll.
Doch wie ich heimzog, heim, in eitlem Wähnen
der Gottesnähe, fast seraphisch klingend
vor innerem Jubel ob der frommen Tat
im Rücken...heim mit dem geweihten Schwert:
— da lagen ferne schon auf meiner Spur
die schmutzigen Hunde meines Schicksals, winselnd
und hackend in die Luft vor Gier nach Blut.
Wo ist der Jäger, der mir das getan,
daß ich ihn könnte stellen?

GERHART HAUPTMANN (1862–   )

LVII

Friedrich Schlegel, der Begriffsbildner der romantischen
Schule, hat in einer seinen Jugendschriften, in dem äußerst
reichhaltigen Aufsatz über das Studium der griechischen Poesie,
wo er das Wesen der modernen Kunst im Gegensatz zur antiken
ergründet, Goethe als den Stifter der neuen Poesie bestimmt.
Diese Schrift war zu tiefgehend, um jemals populär zu werden.
Goethes Stellung in der Literatur kann niemals genauer und
zutreffender bezeichnet werden.

Die Poesie der Griechen, sagt Friedrich Schlegel, steht insofern
unerreichbar hoch über allem, was von den nachgriechischen
Völkern gedichtet wurde, als sie in sich vollendet ist; ihre
schönsten Dichtungen sind objektiv schön und deshalb ein ewiges
Vorbild. Was auch dem modernen Leser darin fehlen möge,
kein Vergleich mit modernen Werken, auch mit den über=
schwenglich reichsten nicht, kann ihnen den Vorzug objektiver

Schönheit rauben. Diese Schönheit ist die Schönheit der Blume oder irgend eines natürlichen Organismus, der sich makellos entfalten muß nach inneren Gesetzen. Diese Kunst ist aus dem Triebe entsprungen, wie Friedrich das unbewußte Wollen nennt; das Bewußtwerden hat die organische Triebkraft im Menschen gestört. Vom Bewußtsein ausgehend fehlt der modernen Poesie das Abgeschlossene, Vollendete, Einheitliche, was im Organischen so selbstverständlich ist; der sondernde Verstand zerteilt immer wieder, was sich zum ganzen schließen will. Dieses Unvollendete ist der Reiz der modernen Poesie — Friedrich nennt es das Interessante — nur ein Unvollendetes kann ja Sehnsucht haben, Sehnsucht zum Ewigen, die uns Modernen als das Wundervollste an einem Kunstwerk erscheint. Das Interessante ist aber, nach Friedrich, die Vorbereitung des Schönen. Ja, die objektive Schönheit der Alten muß wieder erreicht werden, aber sie wird reicher und schwerer an himmlischer Fülle sein, weil sie durch das Interessante hindurch gegangen ist.

RICARDA HUCH (1864–   )

LVIII

Die erste Frage ist: Worin unterscheidet sich denn der romantische Stil vom griechischen?…Fragen wir doch lieber das Gefühl, warum es z. B. sogar eine Gegend romantisch nennt. Eine Statue schließt durch ihre enge und scharfe Umschreibung jedes Romantische aus; die Malerei nähert sich schon durch Menschengruppierungen ihm mehr und erreicht es ohne Menschen in Landschaften, z. B. von Claude. Ein holländischer Garten erscheint nur als der Widerruf jedes Romantischen; aber ein englischer, der sich in die unbestimmte Landschaft ausdehnt, kann uns mit einer romantischen Gegend umspielen, d. h. mit dem Hintergrund einer ins Schöne freigelassnen Phantasie. Was

erteilt ferner den folgenden Beispielen aus der Dichtkunst das
romantische Gepräge? In Cervantes Trauerspiel „Numantia"
verschworen alle Einwohner, um nicht von dem Hunger und
den Römern unterjocht zu werden, sich zu einem gemeinschaft=
lichen Sterben. Als es geschehen und in der leeren Stadt nichts
als Leichen und Scheiterhaufen lagen, so trat die Fama auf die
Mauer, verkündigte den Feinden den Selbstmord der Stadt
und Spaniens künftigen Glanz. — Oder mitten im Homer die
romantische Stelle, da Jupiter von seinem Olymp zugleich die
kriegerische, unruhige Ebene Trojas und die fernen arkadischen
Auen voll stiller Menschen unter einerlei Sonnenlichte über=
schaut. Oder die obwohl schwächer glänzende Stelle im Schillers
„Tell" wo das Dichterauge von den getürmten Gebirgketten
herunterschweift in die langen, lachenden Kornfluren der deutschen
Ebene. Es ist in allen diesen Beispielen nicht das Erhabene,
das, wie gedacht, so leicht ins Romantische verfließt, sondern das
Weite, welches bezeichnet. Das Romantische ist das Schöne
ohne Begrenzung oder das schöne Unendliche sowie es ein
erhabenes gibt.

JEAN PAUL

LIX

Die Stellung der Dinge hatte sich nunmehr so verändert und
der Schritt, den der Adel gethan, einen völligen Bruch mit der
Regierung so nahe herbeigebracht, daß es dem Prinzen von
Oranien und seinen Freunden fortan unmöglich schien, das
mittlere, schonende Verhältniß, das sie bis jetzt zwischen der Re=
publik und dem Hofe beobachtet hatten, noch länger beizubehalten
und so widersprechende Pflichten zu vereinigen. So viel Ueber=
windung es ihnen bei ihrer Denkart schon kosten mußte, in diesem
Streit nicht Partei zu nehmen; so sehr schon ihr natürlicher
Freiheitsinn, ihre Vaterlandsliebe und ihre Begriffe von Duldung

unter dem Zwange litten, den ihr Posten ihnen auferlegte: so
sehr mußte das Mißtrauen Philipps gegen sie, die wenige Achtung,
womit ihr Gutachten schon seit langer Zeit pflegte aufgenommen
zu werden, und das zurücksetzende Betragen, das ihnen von der
Herzogin widerfuhr, ihren Diensteifer erkälten und ihnen die
Fortsetzung einer Rolle erschweren, die sie mit so vielem Wider=
willen und so wenigem Danke spielten. Dazu kamen noch ver=
schiedene Winke aus Spanien, welche den Unwillen des Königs
über die Bittschrift des Adels und seine wenige Zufriedenheit mit
ihrem eigenen Betragen bei dieser Gelegenheit außer Zweifel
setzten und Maßregeln von ihm erwarten ließen, zu denen sie, als
Stützen der vaterländischen Freiheit und größentheils als Freunde
oder Blutsverwandte der Verbundenen, nie würden die Hand
bieten können. Von dem Namen, den man in Spanien der Ver=
bindung des Adels beilegte, hing es überhaupt nun ab, welche
Partei sie künftig zu nehmen hatten. Hieß die Bittschrift Em=
pörung, so blieb ihnen keine andere Wahl, als entweder mit dem
Hofe vor der Zeit zu einer bedenklichen Erklärung zu kommen,
oder diejenigen feindlich behandeln zu helfen, deren Interesse auch
das ihrige war, und die nur aus ihrer Seele gehandelt hatten.
Dieser mißlichen Alternative konnten sie nur durch eine gänzliche
Zurückziehung von Geschäften ausweichen; ein Weg, den sie zum
Teil schon einmal erwählt hatten, und der unter den jetzigen
Umständen mehr als eine bloße Nothilfe war.

J. F. SCHILLER

LX

Erhabner Geist, du gabst mir, gabst mir alles,
Warum ich bat. Du hast mir nicht umsonst
Dein Angesicht im Feuer zugewendet.
Gabst mir die herrliche Natur zum Königreich,
Kraft, sie zu fühlen, zu genießen. Nicht

Kalt staunenden Besuch erlaubst du nur,
Vergönnest mir in ihre tiefe Brust,
Wie in den Busen eines Freunds, zu schauen.
Du führst die Reihe der Lebendigen
Vor mir vorbei, und lehrst mich meine Brüder
Im stillen Busch, in Luft und Wasser kennen.
Und wenn der Sturm im Walde braust und knarrt,
Die Riesenfichte stürzend Nachbaräste
Und Nachbarstämme quetschend niederstreift,
Und ihrem Fall dumpf hohl der Hügel donnert,
Dann führst du mich zur sichern Höhle, zeigst
Mich dann mir selbst, und meiner eignen Brust
Geheime tiefe Wunder öffnen sich.
Und steigt vor meinem Blick der reine Mond
Besänftigend herüber, schweben mir
Von Felsenwänden, aus dem feuchten Busch
Der Vorwelt silberne Gestalten auf,
Und lindern der Betrachtung strenge Lust.
O daß dem Menschen nichts Vollkomm'nes wird,
Empfind' ich nun. Du gabst zu dieser Wonne,
Die mich den Göttern nah und näher bringt,
Mir den Gefährten, den ich schon nicht mehr
Entbehren kann, wenn er gleich, kalt und frech,
Mich vor mir selbst erniedrigt, und zu Nichts,
Mit einem Worthauch, deine Gaben wandelt.
Er facht in meiner Brust ein wildes Feuer
Nach jenem schönen Bild geschäftig an.
So tauml' ich von Begierde zu Genuß,
Und im Genuß verschmacht' ich nach Begierde.

J. W. VON GOETHE

LXI

Der große Wert der Ideen wird vorzüglich an folgendem erkannt: Der Mensch läßt, wenn er von der Erde geht, alles zurück, was nicht ganz ausschließlich und unabhängig von aller Erdenbeziehung seiner Seele angehört. Dies aber sind allein die Ideen, und dies ist auch ihr echtes Kennzeichen. Was kein Recht hätte, die Seele noch in den Augenblicken zu beschäftigen, wo sie die Notwendigkeit empfindet, allem Irdischen zu entsagen, kann nicht zu diesem Gebiete gezählt werden. Allein diesen Moment bereichert durch geläuterte Ideen zu erreichen, ist ein schönes, des Geistes und des Herzens würdiges Ziel. In dieser Beziehung und aus diesem Grunde nannte ich die Ideen das einzig Bleibende, weil nichts anderes da haftet, wo die Erde selbst entweicht. Sie werden mir vielleicht Liebe und Freundschaft entgegenstellen. Diese sind aber selbst Ideen und beruhen gänzlich auf solchen. Von der Freundschaft ist das an sich klar. Von der Liebe erlassen Sie mir zu reden. Es mag an sich Schwachheit sein, aber ich spreche das Wort ungern aus, und habe es eben so wenig gern, wenn man es gegen mich ausspricht. Man hat oft wunderbare Ansichten von der Liebe. Man bildet sich ein, mehr als einmal geliebt zu haben, will dann gefunden haben, daß doch nur das einmal das Rechte gewesen sei, will sich getäuscht haben oder getäuscht sein. Ich rechte mit niemandes Empfindungen. Aber was ich Liebe nenne, ist ganz etwas anderes, erscheint im Leben nur einmal, täuscht sich nicht und wird nie getäuscht, beruht aber ganz und vielmehr noch auf Ideen.

K. W. VON HUMBOLDT (1767–1835)

LXII

Treuer als die oft durch politische Hintergedanken verdunkelten und verfälschten kirchlichen Kämpfe spiegelte die Literatur den Geist dieser weltlichen Tage wieder. Unverloren blieb ihr das beste Vermächtnis des Jungen Deutschlands, der Drang nach dem Wirklichen, nach dem modernen Leben; die politische Leidenschaft, die Ahnung eines nahenden großen Umschwungs zwang sich jedem ernsten Geiste so mächtig auf, daß selbst die strenge Wissenschaft sich der Tendenz nur selten ganz zu erwehren vermochte. Künstlerische Andacht konnte einem so friedlosen, aufgeregten Geschlechte nicht leicht fallen; gleichwohl begann der Formensinn unverkennbar wieder zu erstarken nach der wüsten ästhetischen Verwilderung der dreißiger Jahre. Die Herrschaft des souveränen Feuilletons war gebrochen; all der Wust von eilfertigen Kritiken und Zeitbildern, die ganze trübe Vermischung von Poesie und Prosa, die im letzten Jahrzehnt für geistreich gegolten hatte, erschien jetzt schal und abgestanden. Wieder einmal bewährte sich die alte Erfahrung, daß die Zeit nichts verschont, was ohne sie geschaffen ist. Die kräftigeren Geister des Jungen Deutschlands selbst hatten sich längst aus dem verzettelnden Eintagsschaffen hinausgesehnt, sie wendeten jetzt ihre gereifte und gesammelte Kraft der Bühne zu und mit ihnen viele von dem jüngeren Nachwuchs. Bühnengerechte, künstlerisch durchdachte Dramen, manche wohl angekränkelt von der nervösen Unruhe der Zeit, aber manche auch lebendig, aus dem Herzen der Gegenwart heraus empfunden, brachten dem verfallenen Theater ein frischeres Leben, das leider durch die Stürme der Revolution nur zu bald zerstört werden sollte. Auch auf die Dichtung hatte die nationale Begeisterung des Jahres 1840 erstaunlich tief eingewirkt.

H. VON TREITSCHKE

LXIII

An innerer Wärme kann es der Erzählung selbstredend nicht fehlen, da der Gegenstand des Autors höchste Ideale zu verfechten Gelegenheit gab. Die Freiheit der Selbstbestimmung, vor allem des geistigen Lebens wird auch hier gepriesen; die Verwerflichkeit und Nichtigkeit jedes hemmenden Druckes verkündigt. Gleich die Einleitung hat dieses Thema mit klangvollem Griffe angeschlagen: „Groß und beruhigend ist der Gedanke, daß gegen die trotzigen Anmaßungen der Fürstengewalt endlich noch eine Hilfe vorhanden ist, daß ihre berechnendsten Pläne an der menschlichen Freiheit zu Schanden werden, daß ein herzhafter Widerstand auch den gestreckten Arm eines Despoten beugen, heldenmütige Beharrung seine schrecklichen Hilfsquellen endlich erschöpfen kann." Auf die Unparteilichkeit der Erzählung selbst aber haben diese Empfindungen viel weniger störend gewirkt, als man hätte fürchten können. Eine Schmähschrift gegen Philipp II, ein Panegyrikus auf die Niederländer ist Schiller's Geschichte durchaus nicht. Der Grund dafür liegt darin, daß seine idealistische Schwärmerei wirklich echt war; daß sie ihm nicht als Vorwand diente, irgend welche Partei und ihre Bestrebungen zu verherrlichen. Was er verehrte, lag außer und über der Wirklichkeit („Freiheit ist nur in dem Reich der Träume, und das Schöne blüht nur im Gesang"); und irgend welche vollgiltige Vertreter seiner Ideale vermochte er in der empirischen Welt nirgends zu erkennen. Er verherrlicht das Walten des Geschickes, des Weltgerichts, aber nicht seine Werkzeuge; in den rebellierenden Niederländern zeigt er die verschiedenartigsten, egoistischen, auch kleinlichen Motive mit unbarmherziger Schärfe auf. Seine Absicht, uns durchaus auf den Boden der Wirklichkeit zu stellen, uns mit allen natürlichen und historischen Bedingungen bekannt zu machen, läßt schon die

sehr ausführliche Uebersicht des früheren Zustandes der Nieder=
lande und des spanischen Reiches deutlich erkennen. Von allen
Seiten wird hier die Weltlage beleuchtet; selbst einen Ueberblick
über das Tridentinische Konzil, der in späteren Ausgaben wegge=
lassen ist, hat Schiller gegeben, um die kirchlichen Verhältnisse
nach allen Richtungen hin klar zu stellen.

OTTO HARNACK

LXIV

Die Reformation war ein Zeichen der Zeit gewesen. Sie
war für ganz Europa bedeutend, wenn sie gleich nur im wahr=
haft freien Deutschland öffentlich ausgebrochen war. Die guten
Köpfe aller Nationen waren heimlich mündig geworden, und
lehnten sich im täuschenden Gefühl ihres Berufs um desto dreister
gegen verjährten Zwang auf. Aus Instinkt ist der Gelehrte
Feind der Geistlichkeit nach alter Verfassung; der gelehrte und
der geistliche Stand müssen Vertilgungskriege führen, wenn sie
getrennt sind; denn sie streiten um eine Stelle. Diese Trennung
tat sich immer mehr hervor, und die Gelehrten gewannen desto
mehr Feld, je mehr sich die Geschichte der europäischen Menschheit
dem Zeitraum der triumphierenden Gelehrsamkeit näherte, und
Wissen und Glauben in eine entschiedenere Opposition traten.
Im Glauben suchte man den Grund der allgemeinen Stockung,
und durch das durchbringende Wissen hoffte man sie zu heben.
Überall litt der heilige Sinn unter den mannigfachen Verfolg=
ungen seiner bisherigen Art, seiner zeitigen Personalität. Das
Resultat der modernen Denkungsart nannte man Philosophie
und rechnete alles dazu, was dem Alten entgegen war, vor=
züglich also jeden Einfall gegen die Religion. Der anfängliche
Personalhaß gegen den katholischen Glauben ging allmählich in
Haß gegen die Bibel, gegen den christlichen Glauben und endlich
gar gegen die Religion über. Noch mehr — der Religionshaß

dehnte sich sehr natürlich und folgerecht auf alle Gegenstände des Enthusiasmus aus, verketzerte Phantasie und Gefühl, Sittlichkeit und Kunstliebe, Zukunft und Vorzeit, setzte den Menschen in der Reihe der Naturwesen mit Not obenan, und machte die unendliche schöpferische Musik des Weltalls zum einförmigen Klappern einer ungeheuren Mühle, die vom Strom des Zufalls getrieben und auf ihm schwimmend, eine Mühle an sich, ohne Baumeister und Müller, und eigentlich ein echtes Perpetuum mobile, eine selbst mahlende Mühle sei.

NOVALIS (1772–1801)

LXV

Die erste Idee war, daß die Verschiedenheiten in dem anatomischen Bau der verschiedenen Tiere aufzufassen seien als Abänderungen eines gemeinsamen Bauplanes oder Typus, bedingt durch die verschiedenen Lebensweisen, Wohnorte, Nahrungsmittel. Die Veranlassung für diesen folgenreichen Gedanken war sehr unscheinbar und findet sich in der schon 1786 geschriebenen kleinen Abhandlung über das Zwischenkieferbein. Man wußte, daß bei sämtlichen Wirbeltieren die obere Kinnlade jederseits aus zwei Knochenstücken besteht, dem sogenannten Oberkiefer- und Zwischenkieferbein. Ersteres enthält bei den Säugetieren stets die Backen- und Eckzähne, letzteres die Schneidezähne. Der Mensch, welcher sich von ihnen allen durch den Mangel der vorragenden Schnauze unterscheidet, hatte dagegen jederseits nur ein Knochenstück, das Oberkieferbein, welches alle Zähne enthielt. Da entdeckte Goethe auch am menschlichen Schädel schwache Spuren der Nähte, welche bei den Tieren Oberkiefer und Zwischenkiefer verbinden, und schloß daraus, daß auch der Mensch ursprünglich einen Zwischenkiefer besitze, der aber später, durch Verschmelzung mit dem Oberkiefer verschwinde. Diese unscheinbare Tatsache läßt ihn sogleich einen

Quell des anregendsten Interesses in dem wegen seiner Trocken=
heit übel berüchtigten Boden der Osteologie entdecken. Daß
Mensch und Tier ähnliche Teile zeigen, wenn sie diese Teile
zu ähnlichen Zwecken dauernd gebrauchen, hatte nicht Ueber=
raschendes gehabt. Aber daß diese Ähnlichkeit der Anlage nach
bestehe, auch in einem Falle, wo sie den Anforderungen des
vollendeten menschlichen Baues offenbar nicht entspricht, und
ihnen deshalb nachträglich durch Verwachsung der getrennt
entstandenen Teile angepaßt werden muß, das war ein Wink,
welcher dem geistigen Auge von Goethe genügte, um ihm einen
Standpunkt von weit umfassender Aussicht anzuzeigen.

H. von Helmholtz (1821–1894)

LXVI

Die zweite leitende Idee, welche Goethe der Wissenschaft
schenkte, sprach eine ähnliche Analogie zwischen den verschiedenen
Teilen ein und desselben organischen Wesens aus, wie wir sie
eben für die entsprechenden Teile verschiedener Arten beschrieben
haben. Die meisten Organismen zeigen eine vielfältige Wieder=
holung einzelner Teile. Am auffallendsten ist das bei den
Pflanzen; eine jede pflegt eine große Anzahl gleicher Stengel=
blätter, gleicher Blütenblätter, Staubfäden, u. s. w. zu haben.
Goethe wurde zuerst, wie er erzählt, beim Anblick einer Fächer=
palme in Padua darauf aufmerksam, wie mannigfach die
Uebergänge zwischen den verschiedenen Formen der nacheinander
entwickelnden Stengelblätter einer Pflanze sein können, wie,
statt der ersten einfachsten Wurzelblättchen, mehr und mehr
geteilte Blätter und schließlich die zusammengesetzesten Fieder=
blätter sich entwickeln; es gelang ihm auch später die Uebergänge
zwischen den Blättern des Stengels und denen des Kelches und
der Blüte, zwischen letzteren und den Staubfäden, Nektarien

und Samengebilden zu finden und so zur Lehre der Meta=
morphose der Pflanzen zu gelangen, welche er 1790 veröffent=
lichte. Wie die vordere Extremität der Wirbeltiere sich bald
zum Arm beim Menschen und Affen, bald zur Pfote mit Nägeln,
bald zum Vorderfuß mit Hufen, bald zur Floſſe, bald zum Flügel
entwickelt und immer eine ähnliche Gliederung, Stellung und
Verbindung mit dem Rumpfe behält, so erscheint das Blatt bald
als Keimblatt, bald als Stengelblatt, Blütenblatt, Staubfaden,
Honiggefäß, Pistil, Samenhülle u. s. w. immer mit einer ge=
wiſſen Ähnlichkeit der Entstehung und Zusammensetzung und,
unter ungewöhnlichen Umständen, auch bereit, aus der einen
Form in die andere überzugehen.

H. VON HELMHOLTZ

LXVII

Endlich kann ich nicht umhin, noch mit ein paar Worten
merken zu laſſen, was ich für das Wesen des Liedes halte. Nicht
Zusammensetzung deſſelben als eines Gemäldes niedlicher Farben,
auch glaube ich nicht, daß der Glanz und die Politur seine einzige
und Hauptvollkommenheit sei: sie ist's nämlich nur von einer,
weder der ersten noch einzigen Gattung von Liedern, die ich lieber
Kabinet= und Toilettstück, Sonett, Madrigal u. dergl. als ohne
Einschränkung und Ausnahme Lied nennen möchte. Das Wesen
des Liedes ist Gesang, nicht Gemälde; seine Vollkommenheit
liegt im melodischen Gange der Leidenschaft oder Empfindung,
den man mit dem alten treffenden Ausdruck „Weise" nennen
könnte. Fehlt diese einem Liede, hat es keinen Ton, keine poetische
Modulation, keinen gehaltenen Gang und Fortgang derselben —
habe es Bild und Bilder und Zusammensetzung und Niedlichkeit
der Farben, so viel es wolle, es ist kein Lied mehr. Oder wird
jene Modulation durch irgend etwas zerstört, bringt ein fremder
Verbeſſerer hier eine Parenthese von maleriſcher Compoſition,

dort eine niedliche Farbe von Beiwort u. f. hinein, bei der wir den Augenblick aus dem Ton des Sängers, aus der Melodie des Gesanges hinaus sind und ein schönes aber hartes und nahrungs- loses Farbenkorn kauen: hinweg Gesang! hinweg Lied und Freude! Ist gegenteils in einem Liede Weise da, wohlangeklungene und wohlgehaltene lyrische Weise — wäre der Inhalt auch selbst nicht von Belange, das Lied bleibt und wird gesungen. Über kurz oder lang wird statt des schlechtern ein besserer Inhalt genommen und darauf gebaut werden: nur die Seele des Liedes, poetische Tonart, Melodie, ist geblieben. Hätte ein Lied von guter Weise einzelne merkliche Fehler die Fehler verlieren sich, die schlechten Strophen werden nicht mitgesungen; aber der Geist des Liedes, der allein in die Seele wirkt und Gemüter zum Chor regt, dieser Geist ist unsterblich und wirkt weiter.

J. G. HERDER (1744–1803)

LXVIII

Unsre Artillerie trotz der großen Überlegenheit der feindlichen, zum Schweigen zu bringen, mißglückte; desto vollständiger glückte die Umgehung. Das Regiment Cambridge-Dragoner, unter Führung des Majors von Hammerstein, passirte die Unstrut in unmittelbarer Nähe von Nägelstadt, nahm seine Direction auf die Illebener Höhe zu und kam dadurch in Flanke und Rücken unsrer Gesammt-Aufstellung. Unsrem im Centrum fechtenden Gros entzog sich die Wahrnehmung davon; wohl aber waren unsre am rechten Flügel stehenden Landwehr-Bataillone in der Lage, die Umgehung erkennen zu können. Generalmajor von Seckendorff, in nur zu begründeter Einsicht, daß er vom Centrum her (an das er bereits eins seiner Bataillone hatte hergeben müssen) keine Soutenirung zu erwarten habe, hielt jetzt den Moment für gekommen, seine Position am Erbsberg aufzugeben und wich, am Klingsgraben hin, auf den Siechenhof zurück. Als die Cambridge-Dragoner diese rückgängige Bewegung wahrnahmen, beschlossen sie die ebenfalls, und zwar unter einer Particular-Bedeckung von etwa 30 Mann des Ersatz-Bataillons Erfurt, rückwärts gehende Ausfall-Batterie (zwei Geschütze unter Lieutenant Hupfeld) zu attakiren. Kartätsch- und Salvenfeuer brachten die Attake zum Stehn, Rittmeister William von Einem aber, der die vorderste Schwadron führte, jagte mit dem ersten Zuge zwischen die Bedienungs- und die Bedeckungsmannschaften mitten hinein und setzte mehrere außer Gefecht, bis er tödtlich verwundet zwischen den Geschützen zusammenbrach.

Der Angriff war abgeschlagen; aber dieser partielle Erfolg war zu gering, um an dem Gange des Gefechts überhaupt etwas zu unsrem Vorteil ändern zu können: der diesseitige rechte Flügel setzte seinen Rückzug fort und die rückgängige Bewegung dieses Flügels entschied auch über den ohnehin immer schwächer werdenden Widerstand unsres Centrums.

THEODOR FONTANE (1819–1898)

LXIX

Allein nicht bloß ein Wunderwerk der Natur ist dieses Heldengedicht: nach allen meinen Ansichten muß ich es auch für ein erhabnes Werk der Kunst erklären, dergleichen seitdem noch nie wieder in Deutscher Poesie aufgestellt worden. Man wird staunen, und nicht zugeben wollen, daß die Unwissenheit es dem Gipfel aller Bildung und Wissenschaft zuvortun könne. Aber man bedenke, daß Poesie eigentlich nichts ist, als der lebendigen Ausbruck des gesammten geistigen und körperlichen Menschen, die Einheit und Harmonie seiner Kräfte. Auf die äußerlichen Zierraten mag sich ein sogenanntes gebildetes Zeitalter besser verstehen, mit unendlichen Feinheiten mag eine gelehrte Kunst ergötzen: aber der Kern aller Poesie bleibt doch immer was aus dem Gemüte kommt, und ins Gemüt bringt, der innerste Mensch selbst.

Eine sehr nahe liegende Vergleichung ist die mit der Ilias. Freilich steht Homer in verklärtem Lichte da, als der Vater der gesamten griechischen Bildung, wir finden bei ihm die Grundlinien besser angedeutet, was sich nachher in der Blüthe der schönsten Vollendung entfaltet. Unsre mythische Vorwelt hingegen steht wie eine Felsentrümmer da, die bei einem Erdbeben stehen geblieben, die spätere Geschichte ist durch eine große Kluft davon getrennt und erfüllt zum Teil die dort erregten Erwartungen nicht. In dem geflügelten Wohllaut der Sprache und des Versbaues, in den sich so lieblich an alle Dinge und ihre Eigenschaften anschmiegenden Benennungen, auch in der Ruhe und Besonnenheit, der Reinheit der epischen Form, ist Homer unerreichbar. Was aber Lebendigkeit und Gegenwart der Darstellung, dann die Größe der Leidenschaften, Charaktere, und der ganzen Handlung betrifft, darf sich das Lied der Nibelungen kühnlich mit der Ilias messen, ich würde sagen, es tut es ihr zuvor, wenn man es sich nicht zum Gesetze machen müßte, nie ein Meisterwerk auf Unkosten des andern zu loben.

A. W. SCHLEGEL (1767–1845)

LXX

Die Feinheit der Darstellung in den Verhältnissen der Charaktere, dem von fernher Anlegen und der allmähligen Steigerung der Motive ist in den Homerischen Gesängen unendlich groß, wiewohl diese Seite meistens verkannt wird. Sie ist aber in den Nibelungen nicht weniger wunderwürdig neben den colossalen Umrissen. Ja in der Art, wie die geheimen Triebfedern angedeutet werden ohne sie auszusprechen, wie auch die verkleinernde Seite, der irdische Anteil an der Gesinnungen, ohne Nachteil der erhabnen Schönheit nicht dargelegt, sondern nur dem schärfer spähenden Blicke leise eröffnet wird, in dem unermeßlichen Verstande einer Charakteristik, die sich durch die gegenseitigen Verhältnisse der Personen ins unendliche hin bestimmt, ist etwas, das ich durchaus mit nichts anderm zu vergleichen weiß als mit den Abgründen von Shakespeare's Kunst. Das Ganze der Composition ist zugleich compact, und in dem Ebenmaß eines festen Gliederbaues auf das klarste überschaulich, und wiederum unergründlich geheimnißvoll. Von dem Anfange mit der frischesten Jugendblüthe und einer zweifachen heroischen Brautwerbung schreitet die Verkettung der Begebenheiten mit innrer Nothwendigkeit bis zu der furchtsamen Katastrophe unaufhaltsam fort; kein Moment ist dabei übersprungen, jedem die gehörige Entwicklung gegönnt. Von vorn herein herrscht das Wunderbare, gegen den Schluß das Tragische: die Fantasie wird durch die lieblichsten Lockungen erst da hereingezogen, wo nachher das Gemüt von unwiderstehlichen Schlägen getroffen werden soll. Siegfried ist die Blüte des Schönen, der nordische Achill eben so wie der Homerische durch ein nur zu tief gefühltes Verhängniß einem frühen Untergange geweiht. Mit ihm, sollte man fürchten wäre der frischeste Glanz der Dichtung dahin; in der Ilias wird Achillens Untergang nur ahndungsvoll vorbedeutet, und erregt so die tiefste Rührung: wie eine Ilias sich ans Ende würde erhalten haben, wenn sie den Achill hätte überleben sollen, wissen wir nicht. In den Nibelungen ist die Lücke selbst für die Fantasie wunderwürdig ersetzt.

A. W. SCHLEGEL

LXXI

Es wird dem Menschen von heimatswegen ein guter Engel beigegeben, der ihn, wenn er ins Leben auszieht, unter der vertraulichen Gestalt eines Mitwandernden begleitet; wer nicht ahnt, was ihm Gutes dadurch widerfährt, der mag es fühlen,

wenn er die Grenze des Vaterlandes überschreitet, wo ihn jener
verläßt. Diese wohltätige Begleitung ist das unerschöpfliche
Gut der Märchen, Sagen und Geschichte, welche neben einander
stehen und uns nach einander die Vorzeit als einen frischen
und belebenden Geist nahe zu bringen streben. Jedes hat
seinen eigenen Kreis. Das Märchen ist poetischer, die Sage
historischer; jenes stehet beinahe nur in sich selber fest, in seiner
angebornen Blüte und Vollendung; die Sage, von einer
geringeren Mannigfaltigkeit der Farbe, hat noch das Besondere,
daß sie an etwas Bekanntem und Bewußtem haftet, an einem
Ort oder einem durch die Geschichte gesicherten Namen. Aus
dieser ihrer Gebundenheit folgt, daß sie nicht, gleich dem Märchen,
überall zu Hause sein könne, sondern irgend eine Bedingung
voraussetze, ohne welche sie bald gar nicht da, bald nur unvoll-
kommen vorhanden sein würde. Kaum ein Flecken wird sich in
ganz Deutschland finden, wo es nicht ausführliche Märchen zu
hören gäbe, manche, an denen die Volkssagen blos dünn und
sparsam gesäet zu sein pflegen. Diese anscheinende Dürftigkeit
und Unbedeutendheit zuzugeben, sind sie dafür innerlich auch
weit eigentümlicher; sie gleichen den Mundarten der Sprache,
in denen hin und wieder sonderbare Wörter und Bilder aus
uralten Zeiten hangen geblieben sind, während die Märchen
ein ganzes Stück alter Dichtung, so zu sagen, in einem Zuge
zu uns übersetzen. Merkwürdig stimmen auch die erzählenden
Volkslieder entschieden mehr zu den Sagen, wie zu den Märchen,
die wiederum in ihrem Inhalt die Anlage der früheren Poesien
reiner und kräftiger bewahrt haben, als es sogar die übrigge-
bliebenen größeren Lieder der Vorzeit konnten.

JAKOB GRIMM (1785–1863)
WILHELM GRIMM (1786–1859)

LXXII

Art. I. Der Territorialbestand der östreichischen Monarchie, mit Ausnahme des lombardisch-venetianischen Königreichs, bleibt unverändert. Seine Majestät der König von Preußen verpflichtet Sich, Seine Truppen aus den bisher occupirten östreichischen Territorien zurückzuziehen, sobald der Friede abgeschlossen sein wird, vorbehaltlich der im definitiven Friedensschlusse zu treffenden Maßregeln wegen einer Garantie der Zahlung der Kriegsentschädigung.

Art. II. Seine Majestät der Kaiser von Oestreich erkennt die Auflösung des bisherigen deutschen Bundes an und giebt seine Zustimmung zu einer neuen Gestaltung Deutschlands ohne Beteiligung des östreichischen Kaiserstaates. Ebenso verspricht Seine Majestät das engere Bundesverhältniß anzuerkennen, welches Seine Majestät der König von Preußen nördlich von der Linie des Mains begründen wird, und erklärt Sich damit einverstanden, daß die südlich von dieser Linie gelegenen deutschen Staaten in einen Verein zusammentreten, dessen nationale Verbindung mit dem norddeutschen Bunde der näheren Verständigung zwischen beiden vorbehalten bleibt.

Art. III. Seine Majestät der Kaiser von Oestreich überträgt auf Seine Majestät den König von Preußen alle Seine im Wiener Frieden vom 30 Oktober 1864 erworbenen Rechte auf die Herzogthümer Schleswig und Holstein mit der Maßgabe, daß die Bevölkerung der nördlichen Districte von Schleswig, wenn sie durch freie Abstimmung den Wunsch zu erkennen geben, mit Dänemark vereinigt zu werden, an Dänemark abgetreten werden sollen.

Art. IV. Seine Majestät der Kaiser von Oestreich verpflichtet Sich, Behufs Deckung eines Teiles der für Preußen aus dem Kriege erwachsenen Kosten, an Seine Majestät den

König von Preußen die Summe von 40 Millionen Thalern
zu zahlen. Von dieser Summe soll jedoch der Betrag der
Kriegskosten, welche Seine Majestät der Kaiser von Oestreich
laut Artikel 12 des gedachten Wiener Friedens vom 30 Oktober
1864 noch an die Herzogthümer Schleswig und Holstein zu
fordern hat, mit 15 Millionen Thalern, und als Aequivalent
der freien Verpflegung, welche die preußische Armee, bis zum
Friedensabschlusse in den von ihr occupirten östreichischen Lands-
teilen haben wird, mit 5 Millionen in Abzug gebracht werden,
so daß nur 20 Millionen baar zu zahlen bleiben.

Peace Preliminaries of Nicolsburg 1866

LXXIII

Abend ist's, die Girandolen flammen im geschmückten Saal,
Im Kristall der hohen Spiegel quillt vertausendfacht ihr Strahl;
In dem Glanzmeer rings bewegen, schwebend fast und feierlich,
Altehrwürdige Matronen, junge schöne Damen sich.

Und dazwischen ziehn gemessen, schmuck im Glanze des Ornats,
Hier des Krieges rauhe Söhne, Friedensdiener dort des Staats;
Aber Einen seh ich wandeln, jeder Blick folgt seiner Bahn,
Doch nur wenig der Erkornen sind's, die's wagen, ihm zu nahn.

Er ist's, der das rüst'ge Prachtschiff Austria am Steuer lenkt,
Er, der im Kongreß der Fürsten, für sie handelt, für sie denkt;
Doch seht jetzt ihn! wie bescheiden, wie so artig, wie so fein!
Wie manierlich gegen Alle, höflich gegen Groß und Klein!

Seines Kleides Sterne funkeln karg und lässig fast im Licht,
Aber freundlich mildes Lächeln schwebt ihm stets um's Angesicht,
Wenn von einem schönen Busen Rosenblätter jetzt er pflückt,
Oder wenn, wie welke Blumen, Königreiche er zerstückt.

Gleich bezaubernd klingt's, wenn zierlich goldne Locken er jetzt
  preist,
Oder wenn er Königskronen von gesalbten Häuptern reißt;
Ja fast dünkt's mich Himmelswonne, die den sel'gen Mann
  beglückt,
Den sein Wort auf Elba's Felsen, den's in Munkacz's Kerker
  schickt!

Könnt Europa jetzt ihn sehen, so verbindlich, so galant;
Wie der Kirche frommer Priester, wie der Mann im Kriegs-
  gewand,
Wie des Staats besternter Diener, ganz von seiner Huld be-
  glückt,
Und die Damen, alt und junge, er bezaubert und entzückt!

Mann des Staates, Mann des Rates! da du just bei Laune bist,
Da du gegen Alle gnädig überaus zu dieser Frist;
Sieh, vor deiner Thüre draußen harrt ein dürftiger Klient,
Der durch Winke deiner Gnade hochbeglückt zu werden brennt.

Brauchst dich nicht vor ihm zu fürchten; er ist artig und gescheit,
Trägt auch keinen Dolch verborgen unter seinem schlichten Kleid;
Östreichs Volk ist's, ehrlich, offen, wohlerzogen auch und fein,
Sieh, es steht ganz artig; dürft' ich wohl so frei sein, frei zu
  sein?

ANASTASIUS GRÜN (1806–1876)

LXXIV

Woher kommt es, daß Mörike selbst in Betreff der Gedichte
noch heute ein so kleines Publikum hat? — Der gänzliche
Mangel der flüssigen Phrase und jener aus der Alltäglichkeit
der Anschauungen hervorgehenden bequemen Verständlichkeit
schließt allerdings bei unserem Dichter den größten Teil der
Jugend, insbesondere der jugendlichen Frauenwelt, von vorn-

herein aus, abgesehen davon, daß die Stoffe vielfach jenseits des gewöhnlichen Gesichtskreises dieses Alters und Geschlechtes liegen.   Aber auch reifere Frauen oder Männer, denen man sonst wohl etwas zumuten kann, wissen oft sich nicht hinein- zufinden.

Ich möchte Nachstehendes hervorheben.   Einmal hat das Phantastische, das bei Mörike überall hindurch spielt, gegen- wärtig überhaupt wenige Liebhaber; hier aber hat es noch dazu in mehreren Gedichten eine mythische Welt zur Voraus- setzung, die nur dem Dichter selbst und seinem engeren Kreise bekannt war....Es kommt noch ein Anderes hinzu.   Ins- besondere die Idyllen, die einen großen und köstlichen Teil der Sammlung ausmachen, haben in ihrer Vortragsweise, in Aus- druck und Redewendung, etwas, das der antiken Dichtung abgelauscht und das, so fein und anmutig es sich der heimischen Weise einfügt, denen, die keine classische Schulbildung hinter sich haben, nicht sofort geläufig sein mag.   Wie es bei der Persönlichkeit dieses Dichters nicht anders sein konnte, die Welt seiner Studien verschmilzt sich mit seiner eigenen.   Das Alles sollte freilich die ernsteren Leser nicht veranlassen, das unver- gleichliche Buch zur Seite zu legen; gleichwohl vermag ich nach eigner Erfahrung, trotz meiner vielfachen Bemühungen dafür, eine Vergrößerung der Mörike-Gemeinde nicht zu verzeichnen.

THEODOR STORM

LXXV

Winckelmanns Stil ist wie ein Kunstwerk der Alten.   Ge- bildet in allen Teilen tritt jeder Gedanke hervor und steht da, edel, einfältig, erhaben vollendet: er ist.   Geworden sei er, wo oder wie er wolle, mit Mühe oder von selbst, in einem Griechen oder in Winckelmann; genug, daß er durch diesen auf einmal wie eine Minerva aus Jupiters Haupt dasteht und ist.   Wie also an dem Ufer eines Gedankenmeers, wo auf der Höhe desselben der Blick sich in den Wolken verliert, so stehe ich an seinen Schriften und überschaue. Ein Feld voll Kriegsmänner, die breit und weit zusammen geworben, die Aussicht erst lange ins Große führen; wenn aber endlich aus dieser Weite das Auge erhabener zurück kommt, so wird es sich an jeden einzelnen Kriegsmann heften und fragen, woher? und betrachten, wer er sei? und alsdann von vielen den Lebenslauf eines Helden erfahren können.

Lessings Schreibart ist der Stil eines Poeten, das ist eines Schriftstellers, nicht der gemacht hat, sondern der da machet, nicht der gedacht haben will, sondern uns vordenket; wir sehen sein Werk werdend, wie das Schild Achilles bei Homer. Er scheint uns die Veranlassung jeder Reflexion gleichsam vor Augen zu führen, stückweise zu zerlegen, zusammenzusetzen; nun springt die Triebfeder, das Rad läuft, ein Gedanke, ein Schluß gibt den andern, der Folgesatz kommt näher, da ist das Produkt der Betrachtung. Jeder Abschnitt ein Ausgedachtes, sein Buch ein fortlaufendes Poem mit Einsprüngen und Episoden, aber immer unstet, immer in Arbeit, im Fortschritt, im Werden. Sogar bis auf einzelne Bilder, Schilderungen und Verzierungen des Stils erstreckt sich dieser Unterschied zwischen beiden, Winckelmann der Künstler, der gebildet hat, Lessing der schaffende Poet.

J. G. HERDER

LXXVI

Die nächsten Wochen vergingen Anton in einer auftreibenden Tätigkeit. Er war peinlich bemüht, in den Comptoirstunden seine Pflicht zu thun. Die Abende, jede Freistunde brachte er an dem Actentisch oder in Conferenzen mit dem Rechtsanwalt und mit der Baronin zu. Unterdeß nahm das Unglück des

Freiherrn seinen Verlauf. Er hatte die Zinsen der Capitalien, welche auf seinem Familiengut lasteten, am letzten Termin nicht gezahlt, eine ganze Reihe von Hypotheken wurden ihm an einem Tage gekündigt, das Familiengut kam unter die Verwaltung der Landschaft. Verwickelte Processe erhoben sich. Ehrenthal klagte und forderte die erste Hypothek von zwanzigtausend Thalern, und forderte die neue Ausfertigung; er war aber auch geneigt, Ansprüche an die letzte Hypothek zu machen, welche ihm der Freiherr in der unheilvollen Stunde angeboten hatte. Löbel Pinkus forderte ebenfalls die erste Hypothek für sich und behauptete, die volle Summe von zwanzigtausend Thalern gezahlt zu haben. Ehrenthal hatte keine Beweise und führte seinen Proceß unordentlich, er war jetzt wochenlang außer Stande, sich um seine Geschäfte zu kümmern, Pinkus dagegen focht mit allen Ränken, die ein hartgesottener Sünder ausfindig machen konnte, und der Vertrag, welchen der Freiherr mit ihm abgeschlossen hatte, war ein so vortreffliches Meisterstück des schlauen Advocaten, daß der Anwalt des Freiherrn gleich am Anfange des Processes wenig Hoffnung gab. Nebenbei bemerkt, Pinkus gewann den Proceß, die Hypothek wurde ihm zugesprochen und neu für ihn ausgefertigt.

Anton hatte nach und nach Einsicht in die Verhältnisse des Freiherrn gewonnen. Nur den doppelten Verkauf der ersten Hypothek verbarg der Freiherr sorgfältig vor seiner Gemahlin. Er nannte die Ansprüche Ehrenthals unbegründet und äußerte den Verdacht, daß Ehrenthal selbst den Diebstahl in seinem Comptoir begangen habe. Das Letztere war in der That seine Meinung geworden. So wurde der Name Itzigs Anton gegenüber gar nicht genannt, und der Verdacht gegen Ehrenthal, den auch der Anwalt teilte, verhinderte Anton, bei diesem Aufklärung zu suchen.

GUSTAV FREYTAG

LXXVII

In der Regel galt bisher die Sinnenwelt für die rechte, eigentliche, wahre und wirklich bestehende Welt, sie war die erste, die dem Zöglinge der Erziehung vorgeführt wurde; von ihr erst wurde er zum Denken und zwar meist zu einem Denken über diese und im Dienste derselben angeführt. Die neue Erziehung kehrte diese Ordnung gerade um. Ihr ist nur die Welt, die durch das Denken erfaßt wird, die wahre und wirklich bestehende Welt; in diese will sie ihren Zögling, sogleich wie sie mit demselben beginnt, einführen. An diese Welt allein will sie seine ganze Liebe und sein ganzes Wohlgefallen binden, sodaß ein Leben allein in dieser Welt des Geistes bei ihm notwendig entstehe und hervorkomme. Bisher lebte in der Mehrheit das Fleisch, die Materie, die Natur; durch die neue Erziehung soll in der Mehrheit, ja gar bald in der Allheit, allein der Geist leben und dieselbe treiben; der feste und gewisse Geist, von welchem früher als von der einzigmöglichen Grundlage eines wohleingerichteten Staates gesprochen worden, soll im allgemeinen erzeugt werden.

Durch eine solche Erziehung wird ohne Zweifel der Zweck, den wir zunächst uns vorgesetzt haben und von dem unsre Reden ausgegangen sind, erreicht. Jener zu erzeugende Geist führt die höhere Vaterlandsliebe, das Erfassen seines irdischen Lebens als eines ewigen, und des Vaterlandes als des Trägers dieser Ewigkeit und, falls er in den Deutschen aufgebaut wird, die Liebe für das deutsche Vaterland als einen seiner notwendigen Bestandteile unmittelbar in sich selber, und aus dieser Liebe folgt der mutige Vaterlandsverteidiger und der ruhige und rechtliche Bürger von selbst.

J. G. FICHTE (1762–1814)

LXXVIII

Siehe, wie schwebenden Schritts im Wellenschwung sich die
　　Paare
　　Drehen! Den Boden berührt kaum der geflügelte Fuß.
Seh' ich flüchtige Schatten, befreit von der Schwere des Leibes?
　　Schlingen im Mondlicht dort Elfen den lustigen Reihn?
Wie, vom Zephyr gewiegt, der leichte Rauch in die Luft fließt,
　　Wie sich leise der Kahn schaukelt auf silberner Fluth,
Hüpft der gelehrige Fuß auf des Takts melodischer Woge;
　　Säuselndes Saitengetön hebt den ätherischen Leib.
Jetzt, als wollt' es mit Macht durchreißen die Kette des Tanzes,
　　Schwingt sich ein muthiges Paar dort in den dichtesten
　　Reihn.
Schnell vor ihm her entsteht ihm die Bahn, die hinter ihm
　　schwindet,
　　Wie durch magische Hand öffnet und schließt sich der Weg.
Sieh! jetzt schwand es dem Blick; in wildem Gewirr durch=
　　einander
　　Stürzt der zierliche Bau dieser beweglichen Welt.
Nein, dort schwebt es frohlockend herauf, der Knoten entwirrt
　　sich;
　　Nur mit verändertem Reiz stellet die Regel sich her.
Ewig zerstört, es erzeugt sich ewig die drehende Schöpfung,
　　Und ein stilles Gesetz lenkt der Verwandlungen Spiel.
Sprich, wie geschieht's, daß rastlos erneut die Bildungen
　　schwanken,
　　Und die Ruhe besteht in der bewegten Gestalt?
Jeder ein Herrscher, frei, nur dem eigenen Herzen gehorchet
　　Und im eilenden Lauf findet die einzige Bahn?
Willst du es wissen! Es ist des Wohllauts mächtige Gottheit,
　　Die zum geselligen Tanz ordnet den tobenden Sprung,

Die, der Nemesis gleich, an des Rhythmus goldenem Zügel
   Lenkt die brausende Luft und die verwilderte zähmt.
Und dir rauschen umsonst die Harmonieen des Weltalls?
   Dich ergreift nicht der Strom dieses erhabnen Gesangs?
Nicht der begeisternde Takt, den alle Wesen dir schlagen?
   Nicht der wirbelnde Tanz, der durch den ewigen Raum
Leuchtende Sonnen schwingt in kühn gewundenen Bahnen?
   Das du im Spiele doch ehrst, fliehst du im Handeln, das
   Maß.

J. F. SCHILLER

LXXIX

Es lag in Schillers Eigentümlichkeit, von einem großen Geiste
neben sich nie in dessen Kreis herübergezogen, dagegen in dem
eignen, selbstgeschaffenen durch einen solchen Einfluß auf das
mächtigste angeregt zu werden; und man kann wohl zweifelhaft
bleiben, ob man dies in ihm mehr als Größe des Geistes oder
als tiefe Schönheit des Charakters bewundern soll. Sich fremder
Individualität nicht unterzuordnen, ist Eigenschaft jeder größeren
Geisteskraft, jedes stärkeren Gemüts, aber die fremde Individualität
ganz, als verschieden, zu durchschauen, vollkommen zu würdigen
und aus dieser bewundernden Anschauung die Kraft zu schöpfen,
die eigne nur noch entschiedner und richtiger ihrem Ziele zuzu-
wenden, gehört wenigen an und war in Schiller hervorstechender
Charakterzug. Allerdings ist ein solches Verhältnis nur unter
verwandten Geistern möglich, deren divergierende Bahnen in
einem höher liegenden Punkte zusammentreffen, aber es setzt von
seiten der Intellektualität die klare Erkenntnis dieses Punktes,
von seiten des Charakters voraus, daß die Rücksicht auf die Person
gänzlich zurückbleibe hinter dem Interesse an der Sache. So nun
stand Schiller auch Kant gegenüber. Er nahm nicht von ihm;
von den in „Anmut und Würde" und den „Aesthetischen Briefen"

durchgeführten Ideen ruhen die Keime schon in dem, was er vor der Bekanntschaft mit Kantischer Philosophie schrieb; sie stellten auch nur die innere, ursprüngliche Anlage seines Geistes dar. Allein dennoch wurde jene Bekanntschaft zu einer neuen Epoche in Schillers philosophischem Streben, die Kantische Philosophie gewährte ihm Hilfe und Anregung. Ohne große Divinationsgabe läßt sich ahnden, wie, ohne Kant, Schiller jene ihm ganz eigentümlichen Ideen ausgeführt haben würde. Die Freiheit der Form hätte wahrscheinlich dabei gewonnen.

K. W. von Humboldt

LXXX

So gewiß ich nämlich überzeugt bin — und ebendarum, weil ich es bin — daß der Anteil der Neigung an einer freien Handlung für die reine Pflichtmäßigkeit dieser Handlung nichts beweist, so glaube ich ebendaraus folgern zu können, daß die sittliche Vollkommenheit des Menschen gerade nur aus diesem Anteil seiner Neigung an seinem moralischen Handeln erhellen kann. Der Mensch nämlich ist nicht dazu bestimmt, einzelne sittliche Handlungen zu verrichten, sondern ein sittliches Wesen zu sein. Nicht Tugenden, sondern die Tugend ist seine Vorschrift, und Tugend ist nichts anders „als eine Neigung zu der Pflicht." Wie sehr also auch Handlungen aus Neigung und Handlungen aus Pflicht in objektivem Sinne einander entgegenstehen, so ist dies doch in subjektivem Sinn nicht also, und der Mensch darf nicht nur, sondern soll Lust und Pflicht in Verbindung bringen; er soll seiner Vernunft mit Freuden gehorchen. Nicht um sie wie eine Last wegzuwerfen oder wie eine grobe Hülle von sich abzustreifen, nein, um sie aufs innigste mit seinem höhern Selbst zu vereinbaren, ist seiner reinen Geisternatur eine sinnliche beigestellt. Dadurch schon, daß sie ihn zum vernünftig sinnlichen Wesen, d. i. zum Menschen machte, kündigte ihm die Natur die

Verpflichtung an, nicht zu trennen, was sie verbunden hat, auch in den reinsten Äußerungen seines göttlichen Teiles den sinnlichen nicht hinter sich zu lassen und den Triumph des einen nicht auf Unterdrückung des andern zu gründen. Erst alsdann, wenn sie aus seiner gesamten Menschheit als die vereinigte Wirkung beider Prinzipien hervorquillt, wenn sie ihm zur Natur geworden ist, ist seine sittliche Denkart geborgen; denn solange der sittliche Geist noch Gewalt anwendet, so muß der Naturtrieb ihm noch Macht entgegenzusetzen haben. Der bloß niedergeworfene Feind kann wieder aufstehen, aber der versöhnte ist wahrhaft überwunden.

J. F. SCHILLER

LXXXI

Sie erinnern sich, daß kurz nach dem Beschlusse Ihrer Versammlung von 24. Marz eine andere Versammlung in dieser Stadt abgehalten worden ist, in welcher ein Herr Dr Mar Wirth die Kühnheit hatte, zu behaupten, daß das ökonomische Gesetz des Arbeiterlohnes, wie ich es Ihnen mitgeteilt habe, nicht wahr sei; er nannte es einen überwundenen, längst widerlegten Standpunkt. Ich hatte dieses Gesetz so formulirt:

„Das eherne ökonomische Gesetz, welches unter den heutigen Verhältnissen, unter der Herrschaft von Angebot und Nachfrage nach Arbeit, den Arbeitslohn bestimmt, ist dieses: daß der durchschnittliche Arbeitslohn immer auf den notwendigen Lebensunterhalt reducirt bleibt, der in einem Volke gewohnheitsmäßig zur Fristung der Existenz und zur Fortpflanzung erforderlich ist."

Ebenso hatte ich die Gründe entwickelt, welche es notwendig machen, daß dieses Gesetz herrsche. Vermehrt sich nämlich das nationale Kapital, steht der Lohn höher, als es nach dem oben Angegebenen nötig ist, so vermehrt sich die Arbeiterzahl durch Vergrößerung der Zahl der Ehen und Arbeiterkinder. Indem nun das Angebot von Händen steigt, drückt es infolge der freien

Concurrenz ben Lohn wieder so weit herunter, daß eben nur das zur Fristung des Lebens Nötige verbleibt. Manchmal fällt der Lohn wohl auch auf eine kurze Zeit noch tiefer, dann mindert sich die Zahl der Arbeiter; die Nachfrage nach denselben übersteigt das Angebot und so steigt der Lohn wieder zu seiner normalen Höhe. Alles, was ich Ihnen hierüber schriftlich gesagt habe, ist nur eine streng consequent entwickelte Folge aus diesem ehernen Gesetze. Da kommt nun Dr Wirth und sagt, dies Gesetz, welches ich als einstimmig anerkannt bezeichnet habe, sei erlogen, sei längst widerlegt, und ich hätte sie damit getäuscht! Sie werden an sich überzeugt sein, daß ich keine unwahre Behauptung aufgestellt habe; indeß ist die Sache zu wichtig, als daß ich nicht darauf eingehen sollte, meine Angabe weiter zu belegen. Man soll nicht sagen, daß ich...einen blinden Glauben an des Lehrers Worte von Ihnen verlange. Und da man bestreitet, daß dieses Gesetz von der Wissenschaft anerkannt sei, so muß ich Ihnen die nötigen Belege beibringen.

FERDINAND LASSALLE (1825–1864)

LXXXII

Alles, was uns als Gegenstand gegeben werden soll, muß uns in der Anschauung gegeben werden. Alle unsere Anschauung geschieht aber nur vermittelst der Sinne; der Verstand schaut nichts an, sondern reflektiert nur. Da nun die Sinne nach dem jetzt erwiesenen uns niemals und in keinem einzigen Stück die Dinge an sich selbst, sondern nur ihre Erscheinungen zu erkennen geben, diese aber bloße Vorstellungen der Sinnlichkeit sind, „so müssen auch alle Körper mitsamt dem Raume, darin sie sich befinden, für nichts als bloße Vorstellungen in uns gehalten werden, und existieren nirgends anders als bloß in unseren Gedanken." Ist dieses nun nicht der offenbare Idealismus?

Der Idealismus besteht in der Behauptung, daß es keine anderen als denkende Wesen gebe, die übrigen Dinge, die wir in der Anschauung wahrzunehmen glauben, wären nur Vorstellungen in den denkenden Wesen, denen in der Tat kein außerhalb dieser befindlicher Gegenstand korrespondierte. Ich dagegen sage: es sind uns Dinge als außer uns befindliche Gegenstände unserer Sinne gegeben, allein von dem, was sie an sich selbst sein mögen, wissen wir nichts, sondern kennen nur ihre Erscheinungen, d. i. die Vorstellungen, die sie in uns wirken, indem sie unsere Sinne affizieren. Demnach gestehe ich allerdings, daß es außer uns Körper gebe, d. i. Dinge, die, obzwar nach dem, was sie an sich selbst sein mögen, uns gänzlich unbekannt, wir durch die Vor= stellungen kennen, welche ihr Einfluß auf unsere Sinnlichkeit uns verschafft, und denen wir die Benennung eines Körpers geben, welches Wort also bloß die Erscheinung jenes uns un= bekannten, aber nichts destoweniger wirklichen Gegenstandes bedeutet. Kann man dieses wohl Idealismus nennen? Es ist gerade das Gegenteil davon.

IMMANUEL KANT (1724–1804)

LXXXIII

Die Forderung eines auf demokratischer Grundlage aufge= bauten Reichstages gehörte von Anfang an zu den Streit= punkten zwischen Preußen und Oesterreich. In der Denkschrift des preußischen Staatsministeriums an den Bundestag vom 15 September 1863 erklärte Bismarck für die wichtigste und wesentlichste Reform der Bundesverfassung die Einfügung einer Nationalvertretung, welche berufen sei, „die Sonderinteressen der einzelnen Staaten im Interesse der Gesamtheit Deutschlands zur Einheit zu vermitteln," und verlangte im Gegensatz zu der von Oesterreich unter dem Beifall der Mittelstaaten in Vorschlag gebrachten Delegiertenversammlung „eine Versammlung, die

aus dem ganzen Deutschland nach dem Maßstabe der Bevölke=
rung durch direkte Wahlen hervorgeht." Damit gab Bismarck
dem herannahenden Kriege ein nationaldemokratisches Ziel neben
dem preußisch=dynastischen Zwecke. In weiterer Verfolgung
dieser Politik forderte Preußen am 9 April 1866 vom Bundes=
tage: hohe Bundesversammlung wolle beschließen, „eine aus
direkten Wahlen und allgemeinem Stimmrecht der ganzen
Nation hervorgehende Versammlung einzuberufen, um die Vor=
lagen der deutschen Regierungen über eine Reform der Bundes=
verfassung entgegenzunehmen und zu beraten." Eine weitere
Zirkulardepesche bezeichnet die Bestimmung des Tages für die
Zusammenberufung dieser Nationalversammlung als Kern der
Bundesreform überhaupt. Und als nun der alte Bund durch
den Krieg tatsächlich in Stücke zerbrochen war, schloß Preußen
am 18 August 1866 mit den Staaten des Norddeutschen Bundes
einen Bündnisvertrag, der an diese eben genannten preußischen
Vorschläge anknüpfte und eine Verfassung in Aussicht nahm,
die unter Mitwirkung eines gemeinschaftlichen zu berufenden
Parlaments festgestellt werden sollte. Um diese Verfassung zu
„vereinbaren," wurde der konstituirende norddeutsche Reichstag
von 1867 gewählt und zwar fast in allen Bundesstaaten bereits
nach den Wahlgrundsätzen der Paulskirche. Erst durch das
Zusammenwirken der verbündeten Regierungen mit diesem
demokratisch gewählten Reichstag entstand die deutsche Ver=
fassung.

FR. NAUMANN

LXXXIV

Die große Oper ist eigentlich kein Erzeugniß des reinen
Kunstsinnes, vielmehr des etwas barbarischen Begriffs von
Erhöhung des ästhetischen Genusses mittelst Anhäufung der
Mittel, Gleichzeitigkeit ganz verschiedenartiger Eindrücke und

Verstärkung der Wirkung durch Vermehrung der wirkenden
Masse und Kräfte; während doch die Musik, als die mächtigste
aller Künste, für sich allein, den für sie empfänglichen Geist
vollkommen auszufüllen vermag; ja, ihre höchsten Produktionen,
um gehörig aufgefaßt und genossen zu werden, den ganzen unge-
teilten und unzerstreuten Geist verlangen, damit er sich hingebe
und sich in sie versenke, um ihre so unglaublich innige Sprache
ganz zu verstehn. Statt dessen bringt man, während einer so
höchst komplicirten Opern-Musik, zugleich durch das Auge auf
den Geist ein, mittelst des buntesten Gepränges, der phan-
tastischesten Bilder und der lebhaftesten Licht- und Farben-
Eindrücke; wobei noch außerdem die Fabel des Stücks ihn
beschäftigt. Durch dies Alles wird er abgezogen, zerstreut, betäubt und so am wenigsten für die heilige, geheimnißvolle,
innige Sprache der Töne empfänglich gemacht. Also wird, durch
Dergleichen, dem Erreichen des musikalischen Zweckes gerade
entgegengearbeitet. Dazu kommen nun noch die Ballette, ein
oft mehr auf die Lüsternheit, als auf ästhetischen Genuß berech-
netes Schauspiel, welches überdies, durch den engen Umfang
seiner Mittel und hieraus entspringende Monotonie, bald höchst
langweilig wird und dadurch beiträgt die Geduld zu erschöpfen.

ARTHUR SCHOPENHAUER

LXXXV

Aber ums erste Morgengrauen weckte ihn ein zart durch-
dringendes Erschrecken, sein Herz erinnerte sich seines Abenteuers,
es litt ihn nicht mehr in den Kissen, er erhob sich, und leicht
eingehüllt gegen die Schauer der Frühe setzte er sich ans offene
Fenster, den Aufgang der Sonne zu erwarten. Das wunder-
volle Ereignis erfüllte seine vom Schlafe geweihte Seele mit
Andacht. Noch lagen Himmel, Erde und Meer in geisterhaft
glasiger Dämmerblässe; noch schwamm ein vergehender Stern

im Wesenlosen. Aber ein Wehen kam, eine beschwingte Kunde
von unnahbaren Wohnplätzen, daß Eos sich von der Seite
des Gatten erhebe, und jenes erste, süße Erröten der fernsten
Himmels- und Meeresstriche geschah, durch welches das Sinn-
lichwerden der Schöpfung sich anzeigt. Die Göttin nahte, die
Junglingsentführerin, die den Kleitos, den Kephalos raubte und
dem Neide aller Olympischen trotzend die Liebe des schönen
Orion genoß. Ein Rosenstreuen begann da am Rande der
Welt, ein unsäglich holdes Scheinen und Blühen, kindliche
Wolken, verklärt, durchleuchtet, schwebten gleich dienenden Amo-
retten im rosigen, bläulichen Duft, Purpur fiel auf das Meer,
das ihn wallend vorwärts zu schwemmen schien, goldene Speere
zuckten von unten zur Höhe des Himmels hinauf, der Glanz
ward zum Brande, lautlos, mit göttlicher Uebergewalt wälzten
sich Glut und Brunst und lodernde Flammen herauf, und mit
raffenden Hufen stiegen des Bruders heilige Renner über den
Erdkreis empor. Angestrahlt von der Pracht des Gottes saß
der Einsam-Wache, er schloß die Augen und ließ von der Glorie
seine Lider küssen. Ehemalige Gefühle, frühe, köstliche Drang-
sale des Herzens, die im strengen Dienst seines Lebens erstorben
waren und nun so sonderbar gewandelt zurückkehrten, — er
erkannte sie mit verwirrtem, verwundertem Lächeln. Er sann,
er träumte, langsam bildeten seine Lippen einen Namen, und
noch immer lächelnd, mit aufwärts gekehrtem Antlitz, die Hände
im Schoß gefaltet, entschlummerte er in seinem Sessel noch
einmal.

THOMAS MANN (1875–   )

LXXXVI

Das Drama, als die Spitze aller Kunst, soll den jedesmaligen
Welt- und Menschen-Zustand in seinem Verhältnis zur Idee, d. h.
hier zu dem Alles bedingenden sittlichen Zentrum, das wir im

Welt-Organismus, schon seiner Selbst-Erhaltung wegen, annehmen müssen, veranschaulichen....Das Drama ist nur dann möglich, wenn in diesem Zustande eine entscheidende Veränderung vor sich geht, es ist daher durchaus ein Produkt der Zeit, aber freilich nur in dem Sinne, worin eine solche Zeit selbst ein Produkt aller vorhergegangenen Zeiten ist, das verbindende Mittelglied zwischen einer Kette von Jahrhunderten, die sich schließen und einer neuen, die beginnen will.

Bis jetzt hat die Geschichte erst zwei Krisen aufzuzeigen, in welchen das höchste Drama hervortreten konnte, es ist demgemäß auch erst zwei Mal hervorgetreten: einmal bei den Alten, als die antike Welt-Anschauung aus ihrer ursprünglichen Naivetät in das sie zunächst auflockernde und dann zerstörende Moment der Reflexion überging, und einmal bei den Neuern, als in der christlichen eine ähnliche Selbst-Entzweiung eintrat. Das griechische Drama entfaltete sich, als der Paganismus sich überlebt hatte, und verschlang ihn, es legte den durch alle die bunten Götter-Gestalten des Olymps sich hindurchziehenden Nerv der Idee bloß, oder, wenn man will, es gestaltete das Fatum. Daher das maßlose Herabdrücken des Individuums, den sittlichen Mächten gegenüber, mit denen es sich in einen doch nicht zufälligen, sondern notwendigen Kampf verstrickt sieht, wie es im Oedip den Schwindel erregenden Höhepunkt erreicht. Das Shakespearsche Drama entwickelt sich am Protestantismus und emanzipierte das Individuum....

Nach Shakespeare hat zuerst Goethe im Faust und in den mit Recht dramatisch genannten Wahlverwandschaften wieder zu einem großen Drama den Grundstein gelegt.

FRIEDRICH HEBBEL

LXXXVII

Aber, wird man sagen, wie sind alle diese Künste und Erfindungen angewandt worden? Hat sich dadurch die praktische Vernunft und Billigkeit, mithin die wahre Kultur und Glückseligkeit des Menschengeschlechts erhöht? Ich berufe mich auf das, was ich kurz vorher über den Gang der Unordnungen im ganzen Reich der Schöpfung gesagt habe, daß es nach einem innern Naturgesetz ohne Ordnung keine Dauer erhalten könne, nach welcher doch alle Dinge wesentlich streben. Das scharfe Messer in der Hand des Kindes verletzt dasselbe; deshalb ist aber die Kunst, die dies Messer erfand und schärfte, eine der unentbehrlichsten Künste. Nicht alle, die ein solches Werkzeug brauchen, sind Kinder, und auch das Kind wird durch seinen Schmerz den bessern Gebrauch lernen. Künstliche Uebermacht in der Hand des Despoten, fremder Luxus unter einem Volk ohne ordnende Gesetze sind dergleichen tötende Werkzeuge; der Schaden selbst aber macht die Menschen klüger, und früh oder spät muß die Kunst, die sowohl den Luxus als den Despotismus schuf, beide selbst zuerst in ihre Schranken zwingen und sodann in ein wirkliches Gute verwandeln. Jede ungeschickte Pflugschar reibt sich durch den langen Gebrauch selbst ab; unbehilfliche neue Räder und Triebwerke gewinnen bloß durch den Umlauf die bequemere künstliche Epicykloide. So arbeitet sich auch in den Kräften des Menschen der übertreibende Misbrauch mit der Zeit zum guten Gebrauch um; durch Extreme und Schwankungen zu beiden Seiten wird notwendig zuletzt die schöne Mitte eines dauernden Wohlstandes in einer regelmäßigen Bewegung.

J. F. Herder

LXXXVIII

Sind denn Dir nicht verwandt alle Lebendigen?
Nährt zum Dienste denn nicht selber die Parze Dich?
　Drum! so wandle nur wehrlos
　　fort durchs Leben und sorge nicht!

Was geschieht, es sei alles gesegnet Dir,
sei zur Freude gewandt! oder was könnte denn
　Dich beleidigen, Herz! was
　　da begegnen, wohin Du sollst?

Denn wie still am Gestad, oder in silberner
fernhintönender Flut, oder auf schweigenden
　Wassertiefen der leichte
　　Schwimmer wandelt, so sind auch wir,

wir die Dichter des Volks, gerne, wo Lebendes
um uns atmet und wallt, freudig und jedem hold,
　jedem trauend, wie sängen
　　sonst wir jedem den eignen Gott?

Wenn die Woge denn auch den Mutigen,
wo er treulich getraut, schmeichelnd hinunterzieht,
　und die Stimme des Sängers
　　nun in blauender Halle schweigt:

freudig starb er, und noch klagen die einsamen,
seine Haine den Fall ihres Geliebtesten;
　öfters tönet der Jungfrau
　　vom Gezweige sein freundlich Lied.

Wenn des Abends vorbei einer der Unsern kömmt,
wo der Bruder ihm sank, denket er manches wohl
　an der warnenden Stelle,
　　schweigt und gehet getrösteter.

FRIEDRICH HÖLDERLIN (1770–1843)

LXXXIX

Im Gegensatz zu allen denen, welche beflissen sind, die Künste aus einem einzigen Prinzip, als dem notwendigen Lebensquell jedes Kunstwerks, abzuleiten, halte ich den Blick auf jene beiden künstlerischen Gottheiten der Griechen, Apollo und Dionysus, geheftet und erkenne in ihnen die lebendigen und anschaulichen Repräsentanten zweier in ihrem tiefsten Wesen und ihren höchsten Zielen verschiedenen Kunstwelten. Apollo steht vor mir als der verklärende Genius des principii individuationis, durch den allein die Erlösung im Scheine wahrhaft zu erlangen ist: während unter dem mystischen Jubelruf des Dionysus der Bann der Individuation zersprengt wird und der Weg zu den Müttern des Seins, zu dem innersten Kern der Dinge offen liegt. Dieser ungeheure Gegensatz, der sich zwischen der plastischen Kunst als der apollinischen und der Musik als der dionysischen Kunst klaffend auftut, ist einem Einzigen der großen Denker in dem Maße offenbar geworden, daß er, selbst ohne jede Anleitung der hellenischen Göttersymbolik, der Musik einen verschiedenen Charakter und Ursprung vor allen anderen Künsten zuerkannte, weil sie nicht, wie jene alle, Abbild der Erscheinung, sondern unmittelbar Abbild des Willens selbst sei und also zu allem Physischen der Welt das Metaphysische, zu aller Erscheinung das Ding an sich darstelle. Auf diese wichtigste Erkenntniß aller Aesthetik, mit der, in einem ernsteren Sinne genommen, die Aesthetik erst beginnt, hat Richard Wagner, zur Bekräftigung ihrer ewigen Wahrheit, seinen Stempel gedrückt, wenn er im „Beethoven" feststellt, daß die Musik nach ganz anderen aesthetischen Principien als alle bildenden Künste und überhaupt nicht nach der Kategorie der Schönheit zu bemessen sei: obgleich eine irrige Aesthetik, an der Hand einer mißleiteten und entarteten

Kunst, von jenem in der bildnerischen Welt geltenden Begriff der
Schönheit aus sich gewöhnt habe, von der Musik eine ähnliche
Wirkung wie von den Werken der bildenden Kunst zu fordern,
nämlich die Erregung des Gefallens an schönen Formen.

FRIEDRICH NIETZSCHE (1844–1900)

XC

Wacht auf, es nahent gen dem tag!
ich hör singen im grünen hag
ein wunnikliche nachtigal;
ir stimm durchklinget berg und tal.
die nacht neigt sich gen occident,
der tag get auf von orient,
die rotbrünstige morgenret,
her durch die trüben wolken get,
daraus die liechte sunn tut blicken,
des mondes schein tut sich verdricken;
der ist iez worden bleich und finster,
der vor mit seinem falschen glinster
die ganzen hert schaf hat geblent,
das sie sich haben abgewent
von irem hirten und der weid
und haben sie verlaßen beid,
sind gangen nach des mones schein
in die wiltnus den holzweg ein,
haben gehört des leuen stim
und seint auch nachgefolget im,
der sie gefüret hat mit liste
ganz weit abwegs tief in die wiste.
da habens ir süß weib verloren,
hant geßen unkraut, distel, doren;

7—2

auch legt in der leu strick verborgen,
darein die schaf fielen mit sorgen.
da sie der leu dann fant verstricket,
zuriß er sie, darnach verschlicket.
zu solcher hut haben geholfen
ein ganzer hauf reißender wolfen,
haben die ellent hert beseßen
mit scheren, melken, schinden, freßen ;
auch lagen viel schlangen im gras,
sogen die schaf on unterlas
durch all gelib biß auf das mark.

HANS SACHS (1494-1576)

XCI

Ich hab euer aller schreiben empfangen und, wie es allent=
halben zustehet, vernomen. Auf das ir widerum vernemet, wie
es hie zustehet, füge ich euch zu wissen, das wir nicht auf den
reichstag gegen Augsburg ziehen. Wir sind aber sonst wol auf
einen andern reichstag komen.

So ist ein rubet gleich für unserm fenster hinunter, wie ein
kleiner wald, da haben die dolen und kraen einen reichstag
hingelegt, da ist ein solch zu und abreiten, ein solch geschrei, tag
und nacht, one aufhören, als wenn sie alle trunken, vol und toll,
da geckt jung und alt durch einander, das mich wundert, wie stim
und odem so lang weren möge. Und möcht gern wissen, ob auch
solches adels und reisigen zeugs auch etlich noch bei euch weren.
Mich dünkt, sie seien aus aller welt hieher versamlet.

Ich hab iren Keiser noch nicht gesehen. Aber sonst schweben
der adel und großen hansen imer für unsern augen, nicht fast
köstlich gekleidet, sondern einfeltig in einerlei farbe, alle gleich
schwarz, und alle gleich grauaugig, singen alle gleich einen gesang,
doch mit lieblichem unterschied der jungen und der alten, großen

unb kleinen. Sie achten auch nicht der großen palaſt unb ſaal,
benn ir ſaal iſt gewelbet mit bem ſchönen weiten himel, ir bobem
iſt eitel felb, getefelt mit hübſchen grünen zweigen. So ſinb bie
wenbe ſo weit als ber welt enbe. Sie fragen auch nichts nach
roſſen unb harniſch, ſie haben gefiberte reber, bamit ſie auch ben
büchſen empfliehen unb eim zorn entſitzen können. Es ſinb große
mechtige herrn, was ſie aber beſchließen, weiß ich noch nicht.

So viel ich aber von einem bolmetſcher habe vernomen, haben
ſie für einen gewaltigen zug unb ſtreit wiber weizen, gerſten,
hafern, malz unb allerlei korn unb getreibig, unb wirb mancher
ritter hie werben unb große thaten thun.

MARTIN LUTHER (1483–1546)

XCII

Der Mann ſpricht:

So hat erſt heint getraumet mir,
Mein liebes Weib, wie bu on laugen
Mir haſt außkratzet meine augen.
Als ich erwacht, ich gleich umb baß
Auff bich warf heimlich einen haß;
Hab brumb hie gfragt bie Biberleut,
Was ber erſchröcklich traum bebeut.
Deshalb ich ſo unmutig bin.

Das Weyb ſpricht:

Hertz lieber Mann, laß fahren hin!
Bekränck bich nichts! ſey mutes frey!
Ein traum iſt nichts bann fantaſey,
Welches ſich begibt ohn gefehr.
Mir hat auch offt getraumet ſchwer,
Du habſt mir biß unb jens gethan;
Hat mich boch nye gefochten an.

Hab dir all mal als guts getraut
Und gar nit auff die Träum gebaut.
Darumb thu des traumes vergessen!
Komb heim, laß uns die Suppen essen!
Es hat gleich jetzt dreye geschlagen.

Der Mann spricht:

Mein liebes Weyb, durch dein ansagen
Hast mir geringert mein unmut.
Ich vertraw dir auch alles gut.
Nichts arges hast du mir bewysen.
Das solt du auch bey mir geniessen.
Und wie wir haben dreyssig Jar
In frewden gelebet offenbar,
Das eins dem andern an kein ort
Nye geben hat ein böses wort,
Also wöll wirs, ob Gott will, treyben,
Dieweyl wir leben, ainig bleyben,
Wie dann die frommen Eheleut söllen.

Das Weyb:

Ja, mein hertz lieber Mann, wir wöllen,
Ob Gott will, leben in Ainigkeit,
Komb zu der Suppen! es ist zeyt.

HANS SACHS

XCIII

Um zehen ur, da sah man sten
Sehr vil volks auf der Reinbruck schön,
    Zu sehen dise waghaft gsellen,
    Wie auf dem Rein sie daher schnellen,
Und verrichten ain solche tat,
Die in vil jaren niemand tat,

Damit sie solches iren kinden,

Wan sies nicht glaubten, auch verkündten,

Und dabei inen zaigten an,

Wie küne Arbeit alles kan.

Als sie das volk nun allda sah

Durch die bruck faren also gah,

Als ob ain pfeil flög von dem bogen,

Oder ein sperwer wer entflogen,

Da rüft es sie ganz freudig an:

„Der mechtig gott lait sie fort an,

Der inen so weit gholfen hat

Der helf in weiter zu der statt!

Ain solchen mut wöll gott den geben,

Welche nach rum und eren streben."

Hinwiderum tönten sie auch

Mit den trommeten scharf und rauch,

Das es gab so ain widerhall

Als tet ain baum im tal ein fall.

Dann vom rudern und gschwindigkeit

Ward der ton gbrochen und verleit:

Das volk het kaum ir wunsch verricht,

Verlor das schiff sich aus dem gsicht.

Demnach nun Basel war fürüber

Sah die gesellschaft Brisach lieber.

JOHANN FISCHART (*ca.* 1550–1590)

XCIV

Wiewol der held Teurdank merkt, das

Der gang zum bären nit gut was,

Noch wolt er unerschrocken sein,

Gieng auf dem steig zum bärn hinein.

Alsbald der bär sein wurd gewar,
Lief er gen im mit zoren dar.
Teurdank dacht: Der bär tracht mir zu,
Ich weiß nicht wol, wie ich im tu,
Dieweil ich doch ganz nicht mag han
Ein platz, darauf ich mocht fest stan.
Indem der bär so nahend kam,
Das im nit mer ward, dann das er nam
Seinen Spieß zu dem halben schaft,
Schoß den aus rechter meisterschaft,
Traf denselben bären behend,
Darburch er ab über die wänd
Fiel sich zu tot in ein tiefs tal.
Teurdank der gedacht: Diesen fall
Solt ich warlich haben getan,
Wo ich den bären hett gelan
Zu mir komen auf den steig schmal!
Teurdank gieng widr herab zu tal,
Da gegnet im der Unfalo,
Sprach: „Herr, ich bin von herzen fro,
Das ir habet von diesem tier
Erlöst die leut in der revier.
Mein frau, die küngin, billich soll
Euch lieben, dann ir habt das wol
An iren landen und leuten
Verdient, das will ich ir bdeuten."
Teurdank sprach: „In großer gefar
Bin ich gestanden, glaub fürwar,"
Erzält im darbei all die sach,
Wie es im auf denselben tag
Mit dem bären ergangen wär.

MELCHIOR PFINZING (early 16th century)

XCV

Als nu das Teſtament auffgericht war, berüfft er ſeinen
Diener zu ſich, hielt jm für, wie er jhm im Teſtament bedacht
habe, weil er ſich die zeit ſeines Lebens bey jm wolgehalten, vnd
ſeine Heimligkeit nicht offenbaret hette, Derhalben ſolte er von
jhme noch was bitten, deſſen wölle er jhm gewehren. Da begerte
der Famulus ſeine Geſchickligkeit. Darauff jme Fauſtus ant=
wortet: Meine Bücher belangendt, ſind dir dieſelbigen vorhin
verſchaffet, jedoch daß du ſie nicht an Tag kommen wölleſt laſſen,
Sondern deinen Nutzen darmit ſchaffen, fleißig darinnen ſtudieren.
Zum andern, begereſtu meine Geſchickligkeit, die du ja bekommen
wirſt, wann du meine Bücher lieb haſt, dich an niemandt kehreſt,
ſondern darbey bleibeſt. Noch, ſagt Doctor Fauſtus, dieweil mein
Geiſt Mephiſtophiles mir weiter zu dienen nit ſchuldig, derhalben
ich die jn nit verſchaffen mag, ſo wil ich dir doch einen andern
Geiſt, ſo du es begereſt, verordnen. Bald hernach am dritten
Tage berüfft er ſeinen Famulum wider, vnd hielte jm für, wie er
einen Geiſt wolte, ob er noch deß Vorhabens were, vnd in was
Geſtalt er jm erſcheinen ſol. Er antwortet: Mein Herr vnd
Vatter, in Geſtalt eines Affen, auch in ſolcher gröſſe vnd Form.
Darauff erſchiene jme ein Geiſt, in geſtalt vnd form eines Affen,
der in die Stuben ſprange. D. Fauſtus ſprach: Sihe, jetzt ſiheſtu
jn, doch wirt er dir nicht zu Willen werden, biß erſt nach meinem
Todt, vnnd wann mein Geiſt Mephiſtophiles von mir genommen,
vnd jhn nicht mehr ſehen wirſt, vnd ſo du dein Verſprechen, das
bey dir ſtehet, leyſteſt, ſo ſoltu jn nennen den Auwerhan, denn
alſo heiſſet er. Darneben nitte ich, daß du meine Kunſt, Thaten,
vnd was ich getrieben habe, nicht offenbareſt, biß ich Todt
bin, alsdenn wölleſt es auffzeichnen, zuſammen ſchreiben, vnnd

in eine Historiam transferiren, darzu dir dein Geist vnd Au=
werhan helffen wirt, was dir vergessen ist, das wirdt er dich wider
erjnnern, denn man wirdt solche meine Geschichte von dir haben
wöllen.

Historia von Dr Johannes Fausten
Volksbuch des XVIten Jahrhundert

XCVI

Bald nach diser zeit als Vlenspiegel ein sigrist wz gesein. Da
kame er geen Megdburg, vnd trieb vil anschleg, vnd sein nom
ward da von erst bekant, das man von Vlenspiegel wußt zesagen,
da ward er angefochten von den besten der burger von der stat
dz er solt etwz abenthür treiben, da sagt er, er wolt es thůn, vnd
wolt vff dz rathusz, vnd von der lauben fliegen, da ward ein
geschrei in der stat, dz sich jng vnd alt samlete vff dem marckt,
vnd wolten es sehen. Also stunde Vlenspiegel vff der lauben von
dem rathusz, vnd bewegt sich mit dem armen, vnd gebar eben als
ob er fliegen wolt. Die lüt stůnden theten augen vnd müler vff,
vnd meinten er wolt fliegen. Da lacht vlenspiegel vnd sprach.
Ich meinte es wer kein thor oder nar mer in der welt dan ich.
So sih ich wol, dz hie schier die gantz stat vol thoren ist, vnd
wann ir mir alle sagtē dz ir fliegen woltē ich glaubt es nit, vnd
ir glouben mir als einem toren. Wie solte ich fligen kunde, ich
bin doch weder gansz noch fogel, so hon ich kein fettich, vnd on
fettich oder federn kan nieman fliegen. Nun seht ir offenbar, dz
es erlogen ist, vnd lieff da von der lauben, vnd liesz dz volck eins
teils flůchende, das ander teil lachende vnd sprachen. Das ist ein
schalknarr noch dann so hat er war gesagt.

Till Eulenspiegel

XCVII

Und ob ich wol, liebster Mitgeselle, sagte er zu mir, deine
Abwesenheit kaum mit gedultigem Herzen werde ertragen können,
so finde ich doch nicht, wann ich meine Ergetzlichkeit deinem
Frommen nachsetzen wil, was ich dir aller Beschaffenheit nach
bessers rathen oder auch wünschen solle. Wie ein Wasser, das
niemals geregt wird, endlich anfengt zu faulen und stinken, also
werden auch unsere Gemüther durch übermäßige Ruhe träge und
verdrossen gemacht, welche, weil sie etwas himmlisches sind, so
sollen sie auch billich dem Himmel, der ohn Unterlaß in Be=
wegung ist, nachfolgen. Und wann du diesen großen Menschen,
die Welt ansihest, was letzt darinnen ungereiset? Die Sonne
umgehet den Erdenkreis alle Tage; der Monde und der ganze
Pöfel des Gestirnes haben ihre Wanderschaft, trösten durch ihr
liebliches Anblicken die Schweifenden und zeigen den irrenden
Häusern, den Schiffen, wo sie hin sollen. Hast du nie gesehen,
wie die See von ihren Ufer zu rechter Zeit hinweg geflohen und
auf gewisse Stunde allzeit ist zurückgekehret? Die vierfüßigen
Thiere laufen von einer Wildniß in die andere; die Fische steigen
aus der See in die Flüße; die Vögel, welche jetzund haufenweise
in ihr Winterquartier geflogen sind, werden mit dem anbrechenden
Frühling wieder hierher und zu Felde kommen. Ja, die ganze
Natur gibt uns Anlaß zum Reisen und will uns gleichsam zeigen,
daß wir auf ein Vaterland gedenken sollen, welches nicht krieget
noch bekrieget wird und die stete Herbrige aller frommen Wan=
dersleute ist. Zwar wir pflegen von Natur dasjenige Land zu
lieben, dessen Athem wir erstlich geschöpfet, das wir zum ersten
getreten, dem wir unsere Kindheit und Auferziehung zu danken
haben und darinnen uns Luft, Wasser, Flüße, Aecker und alle
Gelegenheit am besten bekant sind; wir reisen aber darum, daß

wir ihm nach unserer Zurückkunft und Erlernung fremder Völker
Sprachen und Sitten, desto rühmlicher sein mögen und mit dem,
was wir aufgemerkt, zu statten kommen.

MARTIN OPITZ (1597–1639)

XCVIII

Das erste, das diese Reuter thäten, war, daß sie ihre Pferd
einstelleten; hernach hatte jeglicher seine sonderbare Arbeit zu
verrichten, deren jede lauter Untergang und Verderben anzeigte;
dann obzwar etliche anfiengen zu metzgen, zu sieden und zu braten,
daß es sahe, als solte ein lustig Panquet gehalten werden, so
waren hingegen andere, die durchstürmten das Haus unten und
oben. Andere machten von Tuch, Kleidungen und allerlei Hausrath große Päck zusammen, als ob sie irgends ein Krempelmarkt
anrichten wolten; was sie aber nicht mitzunehmen gedachten,
wurde zerschlagen; etliche durchstachen Heu und Stroh mit ihren
Degen, als ob sie nicht Schaf und Schwein genug zu stechen
gehabt hätten; etliche schütteten die Federn aus den Betten und
fülleten hingegen Speck, andere dürr Fleisch und sonst Geräth
hinein, als ob alsdann besser darauf zu schlafen gewest wäre;
andere schlugen Ofen und Fenster ein, gleichsam als hätten sie
ein ewigen Sommer zu verkündigen; Kupfer und Zinnengeschirr
schlugen sie zusammen und packten die gebogene und verderbte
Stück ein; Bettladen, Tisch, Stühl und Bänk verbrannten sie,
da doch viel Klafter dürr Holz im Hof lag; Häfen und Schüsseln
muste endlich alles entzwei, entweder weil sie lieber Gebraten
aßen, oder weil sie bedacht waren, nur ein einzige Mahlzeit allda
zu halten.

Den Knecht legten sie gebunden auf die Erd, steckten ihm ein
Sperrholz ins Maul und schütteten ihm einen Melkkübel voll

garſtig Miſtlachenwaſſer in Leib; das nenneten ſie ein ſchwe=
biſchen Trunk, woburch ſie ihn zwungen, eine Partei anberwärts
zu führen, allba ſie Menſchen und Viehe hinwegnahmen und in
unſern Hof brachten, unter welchen mein Knan, mein Meuber
und unſer Urſele auch waren.

CHRISTOPH VON GRIMMELSHAUSEN (1624–1676)

XCIX

Anno 1585, juſt vor hundert Jahren iſt auff ein Tag bey
einbrechender Morgenröthe ein Eblmann außgeritten auff die
Jagd, vnweit der vornehmen Statt Wienn. Wie er nun in den
dicken Wald, vnnd großen Geſträuß hinein gerathen, vermerckt
er ein vngewöhnliches bellen, vnb ſcharren eines Hunds, welcher
mit ſeinen Bratzen bergeſtalten die Erben außgraben, biß er enb=
lichen zwey gantz weiße Bainer herauß gezogen, die der Eblmann
auff keine Weiß vor Menſchen=Bainer angeſehen, ja noch dem
Laggey einen Befelch geben, wie baß er ſolche bürre Bainer ſoll
mit ſich tragen, er ſeye geſinnet, auß biſen für ſeinen Hirſchfänger
ein gute Handhab machen zu laſſen. Wie er bann noch ſelben
Abenb Schwerbtfeger biſe Bainer eingehänbiget mit dem Be=
gehren, er ſoll ihm vmb paare Bezahlung erſtgebacht Hanbheb
verfertigen. Sihe Wunder! Kaum baß ſolche der Maiſter in
ſeine Hänb gebracht, haben ſie alſobalb das helle Blut geſchwitzet,
ſo baß ein Tropffen den andern geſchlagen, welches alle Bey=
weſenbe in groſſe Verwunderung gezogen. Forberiſt aber war
biſer Schwerbtfeger dem Tobt gleicher, als einem Menſchen.
Diſer, wie er ſich in etwas wiberumb erhöllt, ben Cavalier
bemüthigſt gebetten, er wolle ihm boch entbecken, wo er biſe bürre
vnb weiſſe Bainer genommen? worüber ihme der Gnädige Herr
das Orth mit allen vmbſtänben, den Wald, das Geſträuß be=
ſchriben, vnnb wie einer auß ſeinen beſten Jaghunben allba

besagte Bainer habe außgraben. Ach! seufftzte biser, sprechend, ich hat vermaint, ich seye gantz allein gewest, es hab mich niemand gesehen. Jetzt spühr ich aber, daß mir Gott habe zugeschaut. Vor 20 Jahren, da ich noch ein Handwerckßgesell ware, hab ich einen meinen Mit-Cameraden, der dazumall in die Wander geraist, das Glait geben, vnd weilen ich gewisse Nachricht erhalten, daß er wol mit Gelt versehen, also hab ich ihn in demselbigen Wald ermordet, vnnd eben an gedachtem Orth begraben. Nun mercke ich, daß mich gar kein Mensch gesehen, aber Gott wol, der mich derentwegen richten wird.

ABRAHAM A SANTA CLARA (1644–1709)

NOTES

I. From *Dichtung und Wahrheit*. The scene described is the coronation of the Emperor Joseph II in Frankfort which Goethe witnessed as a boy. The Electors of the Empire perform symbolically their mediaeval duties.

IV. From *Der gehörnte Siegfried*. The speaker is Siegfried. He is relating to King Gunther and his court at Worms his earlier adventures : the slaying of the dragon, the effect of the dragon's blood and his journey to the castle of Brunnhild. The incidents described in this scene are represented in the second act of Wagner's opera 'Siegfried.'

Balmung—Siegfried's sword. die Nebelkappe—the cap which rendered Siegfried invisible.

VII. From *Hinter Pflug und Schraubstock*. Im Prater. The Prater is a large park in the suburbs of Vienna.

VIII. in einem Buche aufzubewahren. In the year 1528, after the death of Albrecht Dürer, appeared *Die vier Bücher von menschlicher Proportion*.

IX. From *Der Wärwolf*, an historical novel. The Tezel referred to is the Dominican monk whose sale of indulgences gave rise to Luther's protests.

X. The conversation is supposed to take place between Heine and a fellow-traveller as they are sailing up the Thames. This passage and No. XXXI are typical of Heine's prose style, in which poetical and often noble ideas are presented under the guise of frivolity and mockery.

XII. die Verbindungen—the students' corps. Komment—the code of traditional student-laws and customs. Fuchs—a Freshman.

XIII. Winen—accusative of Wina : the Jungfrau mentioned in the first paragraph. Zybele—the goddess Cybele, often represented wearing a headdress like the towers of a city.

XIV. From Arndt's *Geist der Zeit*, prose writings addressed to Germany in the years of Napoleon's oppression. Arndt, together with Fichte, did much by his eloquence to awaken patriotism and a sense of nationality and thus prepared the way for the Wars of Liberation, 1813-1814. Compare with Nos. XV and LXXVII.

XV. Part of Frederick William III's *Aufruf an mein Volk*, published in February 1813, calling upon the patriotic Germans to rise and throw off the yoke of Napoleon. The *Aufruf*, published in the name of the King, was actually written by Theodor von Hippel.

XX. From *Penthesilea*. Penthesilea, the queen of the Amazons, was according to one legend slain by Achilles. Kleist makes use of another version of the legend, in which Achilles is slain by Penthesilea.

XXI. From *Demian*, a novel dealing with the intellectual and spiritual development of a boy. Like *Der grüne Heinrich* of Gottfried Keller, it is ein Erziehungsroman, but the action is almost entirely internal and often symbolically expressed.

XXII. From *Dichtung und Wahrheit*.

XXIV. From *Zwischen Himmel und Erde*, a novel of Thuringian village life, the hero of which, Apollonius Nettermair, is a slater.

XXVI. (a) is taken from Heinrich Laube's book on the Frankfort Parliament of 1848-9, of which the poet Ludwig Uhland was a member. One of the questions with which the Parliament had to deal was the relation of Austria to the rest of Germany. Uhland was in favour of a Germany which should include Austria. die Paulskirche—the Frankfort Parliament held its sittings in the church of St Paul. die März- und Maikämpfe—the revolutionary fighting in Vienna against the autocratic government of Metternich. The revolution in Vienna broke out in March 1848. Compare with the poem by Anastasius Grün, No. LXXIII.

XXVIII. der Egerkreis—the mountains round the town of Eger.

XXIX-XXX. From an essay on the battle of Eckernförde, 1849, in the war between the duchies of Schleswig and Holstein supported by Prussia and Denmark.

XXXV. This is the passage which serves as the *point de départ* for Lessing's *Laokoon*.

XXXVII. Koog—land reclaimed from the sea and protected by a dyke.

XXXIX. From *Ein Dichterleben*, a story of the life of Christopher Marlowe. The speaker is Shakespeare.

XLIII. From a speech at the unveiling of the Bismarck Monument, 1901. bie Wilhelmstraße—the street in Berlin in which the principal government Ministries are situated. bie Ottonen, Salier and Hohenstaufen—imperial houses of the Middle Ages.

XLIV. From *Gedanken und Erinnerungen*. Am 19ten Morgens. On the evening of the 19th March 1848, Frederick William IV gave orders for the Prussian troops to withdraw to Potsdam, so that the town of Berlin was now in the hands of the revolutionaries. Compare this passage with No. LII by Gutzkow. Gutzkow's sympathies were with the revolutionaries.

XLV. An account of the beginning of the Weavers' riots in Silesia. They form the subject of Gerhart Hauptmann's play 'Die Weber.'

XLVI. From *Ein Bruderzwist in Habsburg*. The speaker is the Emperor Rudolf II (1576–1612). Die Kunst referred to is astrology in which the Emperor was a believer.

XLVIII. wie in Shakespeares Sturm—the reference is to *The Tempest*, Act IV, Scene I. eines mißverstandenen Meisters—the composer Cherubini.

L. From a speech by Dahlmann at the Frankfort Parliament, January 1849, in favour of making the house of Prussia hereditary rulers of a newly constituted Germany after the revolutions of 1848.

LII. In den Zelten—an open space in Berlin, where political meetings were held. A meeting held there on the 13th March had been broken up by the military.

LVI. From *Der arme Heinrich*, a dramatic version of the mediaeval legend. Heinrich—the speaker—on his return from the Crusades has been smitten with leprosy.

Gerhart Hauptmann is the greatest living German dramatist.

LX. Faust's monologue in the 'Wald und Höhle' scene in the first part of the tragedy. The erhabene Geist whom he addresses is the Erdgeist. The Gefährte is Mephistopheles.

LXIII. The work referred to is Schiller's *Geschichte des Abfalls der vereinigten Niederlande*. das Tridentinische Konzil—the Council of Trent, 1545–1563.

LXV. Die erste Idee war…. This and the following passage summarize Goethe's most important contributions to natural science in the realm of osteology and botany.

LXVIII. From *Der deutsche Krieg von* 1866. An account of the battle of Langensalza.

LXIX–LXX. The work referred to is the Middle High German epic *Der Nibelunge Nôt.*

LXXII. The Peace of Nicolsburg brought the Austro-Prussian War of 1866 to a close. There were nine Articles in all.

LXXIII. Anastasius Grün (pseudonym of Graf von Auersperg) published a volume of political poetry in 1831 entitled *Spaziergänge eines Wiener Poeten*, in which he attacked the abuses of Metternich's autocratic government. Aber Einen seh ich wandeln—Metternich, the Chancellor of Austria. ben's in Munkacz's Kerker schickt—Alexander Ypsilanti, the Greek patriot, who had raised an army against Turkey in 1821, was captured and imprisoned by Metternich's orders, in the fortress of Munkacz.

LXXIV. Eduard Mörike (1804–1875), one of the greatest of German lyrical poets.

LXXVI. From *Soll und Haben*—a novel of German business life.

LXXVII. From Fichte's *Reden an die deutsche Nation*, delivered in Berlin in 1808. The aim of these speeches was to arouse patriotic feeling and so stir up the youth of the nation to throw off the yoke of Napoleon. Compare with passages XIV and XV.

LXXIX. Compare with the following passage.

LXXX. From the essay *Anmut und Würde*. This is the point at which Schiller parts company with Kant.

LXXXI. From a speech made by Lassalle at a Workmen's Conference in Leipzig, 1863.

LXXXII. Anschauung—perception. Vorstellungen—presentations. die Sinnlichkeit—translate: the senses.

LXXXIII. Bundesverfassung—federal constitution. Bundestag—the Federal Diet, the organ of government for the German Confederation from 1815 to 1866. It sat, under the presidency of Austria, at Frankfort. die Paulskirche—the Frankfort Parliament of 1848 drew up principles of election. Compare with passages XXVI, L, LXII.

LXXXV. From *Der Tod in Venedig*. The author, Thomas Mann, is one of the most distinguished of living German writers, and this Novelle is remarkable for the beauty of its prose.

LXXXVI. From Hebbel's *Vorwort* to his play 'Maria Magdalena.'

LXXXIX. einem Einzigen der großen Denker—the philosopher Schopenhauer.

XC. From *Die Wittembergische Nachtigall* (1523). ein wunnikliche nachtigal—Luther and his teaching.

XCIII. From *Das glückhafft Schiff von Zürich* (1576), a poem describing how a number of citizens of Zürich made a journey by boat from Zürich to Strasbourg.

XCIV. From *Teuerdank*, printed in 1517. A kind of biography of the Emperor Maximilian I. The last poem modelled on the mediaeval Court Epic. Teuerdank is the hero, Unfalo the villain of the story.

XCVI. From *Ein Kurtzweilig lesen von Dyl Ulenspiegel geboren uss dem land zu Brunsswick*—a High German version printed in the 16th century of a lost Low German collection of tales, relating the adventures of Till Eulenspiegel.

XCVII. From *Schäfferey von der Nimfen Hercine* (1630), an adaptation in prose and verse of the Italian pastoral to German surroundings.

XCVIII. From *Der Abentheurliche Simplicissimus* (1669). Knan—a dialect word meaning father.

XCIX. From *Judas der Ertzschelm* (1686). Abraham a Santa Clara was a monk, and this, his main work, is partly a novel, partly a collection of homilies.

For EU product safety concerns, contact us at Calle de José Abascal, 56–1°, 28003 Madrid, Spain or eugpsr@cambridge.org.

www.ingramcontent.com/pod-product-compliance
Ingram Content Group UK Ltd.
Pitfield, Milton Keynes, MK11 3LW, UK
UKHW012327130625
459647UK00009B/119